たった7秒で相手の心をつかむ話し方

野口 敏

PHP文庫

○本表紙図柄＝ロゼッタ・ストーン（大英博物館蔵）
○本表紙デザイン＋紋章＝上田晃郷

はじめに

どんな人とも自由に楽しく会話ができるようになります

そこにいるみんなが腹を抱えて笑い合い、年の差も暮らしぶりの違いも越えて心が通じ、最高の気分に浸《ひた》る。それこそが話が盛り上がるということなのでしょう。その楽しさ、幸福感といったら、ちょっとたとえようがありません。それは庶民だってお金持ちだって平等に味わえる至福の時。

ところが、そんな幸せなひと時が私たちの日常からしだいに消えているらしいじゃありませんか。ひと昔前ならば、たいていの人が1日に1回は当たり前のように経験していた、話が弾《はず》み笑い合う瞬間。それが今や多くの人の憧《あこが》れになっているなんて。

話が盛り上がる条件。それはきっと互いの心が自由であることが大事なことだと思います。自由の中にしか喜びは存在できません。

もしやあなたの心に「こんなことを言ったら人からどう思われるだろうか」とか「愚かと思われてはいけない」などという気持ちはありませんか？　また「こんなことを言ったらセクハラ」「これはパワハラ」「これは個人情報」……そんな思いもあるはずです。

それを私は、人の心をしばりつける鎖と呼んでいます。「でもセクハラ、パワハラはいけません」という声も聞こえてきそう。もちろん人を傷つける話はいけません。しかし、今の世の行きすぎた言葉狩りは、私たちから自由と楽しみを奪っています。

そのため私たちは仕方なく、人から咎《とが》めを受けないありきたりな話しかしなくなりました。「他人のことを考えて働いています」「みんなに感謝していま す」「家族が一番大事です」という、世間体をとりつくろった話ばかりでは気分が盛り上がるはずなどないでしょう。

今の世の中、全て自由にとはいかないでしょう。しかし、「自分をオープンにして、家庭の話をする」「自分を少し落として、失敗、失言の話をする」という程度なら許されるはずです。

あなたが自由になれば、自由な人たちが集まってきます。そうなれば話も盛り上がりやすくなるはず。そして、自由になるためにはほんの少しだけコツがあります。しかもそれは、会話するとき、7秒だけでも意識すれば実践できるものなのです。本書をぜひ参考になさって下さい。

たった7秒で相手の心をつかむ話し方　目次

はじめに　003

第1章

初対面で「感じがいい！」と思われる人はここが違う
一瞬で相手の心をつかむ接し方

01 コンビニでレジの人に「ありがとう」と言えますか？……016
02 まずはアイコンタクトを送ることから始める……021
03 アイコンタクトのうまい人には愛情と情報とお金が集まる……026
04 「おはよう」「いってきます」「ただいま」「おやすみ」をきちんと言う……031

05 会った瞬間、「感じがいぃ！」と思われる人になるには？……036
06 初対面で相手との距離をグッと縮めるコツ……041
07 会った瞬間は、こんなことから話を始めてみよう……046
08 初対面の人とは短く切って相手の出方を見る……051
09 相手の「こだわり」に「気づいて」伝えると会話はもっと広がる……056
10 口下手な人こそ使ってみたい。話が自然に始まるこの裏ワザ……061
コラム 01 あなたに途方もない愛と豊かさをもたらす、とっておきの方法……066

第２章

これをやるから話が続かない！

場がシラける人、場を盛り上げる人の話し方

01 雑談がうまい人は、人間関係作りもうまい …… 072

02 雑談を楽しみたい時はこんな言葉をかける …… 077

03 雑談が絶対盛り上がる鉄板ネタ …… 082

04 アドバイス好きは女性から嫌われる …… 087

05 言いたくないことを聞かれた時は、こうかわそう …… 092

06 ネガティブ発言はダメ出ししないで受けとめる……097
07 「そんなの無理」より「そうなったらどうする?」……102
08 女性と話すのが苦手な人はココがヤバイ!……107
09 不満や愚痴は、思う存分吐き出させてあげよう……112
10 人は成功体験より挫折体験を聞きたがる……117
コラム02 私もこれで叱られました。プロも陥るアドバイスの誘惑……122

第３章

気づけば相手がどんどん喋っている！

誰とでも驚くほど会話が続く聞き方・話し方

01 「私は聞くほうはできる」という人は100％聞き下手……128

02 相手がどんどん話したくなる「聞き方」「話し方」……133

03 話している人に体を向ければ信頼度アップ！……138

04 驚くほど相手が話をし始める３つのキーワード……143

05 会話の初めで質問していませんか？……148

06 沈黙は恐くない。会話が一気にラクになる……153
07 20代社員と話が盛り上がるコツ……158
08 女性の心をつかむにはこんな話し方……163
09 父の日のプレゼント予算が母の日より落ちる理由……168
10 大いに泣き、怒り、笑おう……173
コラム 03 プロだって困る、妻との会話……178

第４章

「困った人」もこれで大丈夫！

苦手な相手との関係が劇的に変わる話し方

01 「最近どう？」は、手抜き質問の典型……184
02 この質問なら相手が口下手な人でも安心して答えられる……189
03 「YES」「NO」質問で相手をリラックスさせる……194
04 会話の上手な人と下手な人、その差はココだ！……199
05 苦手な相手との距離が一気に縮まる魔法の言葉……204

06 相手を黙らせてしまう「どうして？」「なぜ？」……209
07 アイデアの出ない会議での「何かあるだろう」は逆効果……214
08 成績の悪い部下や子どもにはここを聞いてあげる……219
09 自己責任で考えない部下がいたらこう質問してみよう……224
10 意見が対立したら、相手の言い分を徹底的に聞く……229
コラム 04 私のコミュニケーションは、相手が不信感を持つほどの感じ良さ……234

本文イラスト●ケン・サイトー

第１章

初対面で「感じがいい！」と思われる人はここが違う

一瞬で相手の心をつかむ接し方

相手の心をつかむ

01 コンビニでレジの人に「ありがとう」と言えますか？

初対面の人と早く打ち解けてつながり合うことができれば、様々な人脈を築き上げることができます。

その力を養うためには、多くの人が忘れてしまった「見知らぬ人に働きかける力」をまず磨く必要があると私は考えています。

この力には相当高いコミュニケーション能力と、深い愛情の両方が必要です。もしこの力を持てば、様々な世界に住む人々と、本当に深いネットワークを築き上げることができるでしょう。

人類が繁栄を極めたのは、たくさんの他人がつながり合い、助け合い、影響し合ったからです。

日本人にはぜひこの力の重要性を思い出していただきたいと、私は切に願っています。

コンビニでレジの人に「ありがとう」と言ってみる

たとえばあなたは、同じテナントビルに入っている他社の社員（時々顔を見かける程度の人）とエレベーターで会った時、「おはようございます」とか「お疲れさまでした」と声をかけることができますか？

自分のマンションや自宅の近くで、よそのお家に配達に来た宅配便業者の方に、「ご苦労さまです」などとねぎらいの言葉をかけることができますか？

コンビニで買い物をしてレジに行った時に、「お願いします」とか「ありがとう」などと言えますか？

私たちはいつの頃からか、**見知らぬ人とはコミュニケーションをとらないものと決めたような生き方を選んだようです。**

そしてそれにつれて国民全体のコミュニケーション能力もどんどん落ちています。

日本復活のカギはコミュニケーション能力にあり

日本の経済力が落ちているのも、コミュニケーション能力が落ちていることと関係がありそうです。

新しいアイデア、斬新な企画は、全く異分野の人間同士が結びついて生まれることが多いです。

でも、今では異分野の人と会って、雑談で心を通わせ、違う世界に住む人の話をうまく引き出せる人はわずかでしょう。

また海外でわが国の企業は、他国の企業に負け続けているそうではありませんか。

それは、その国の人々とうまくつながり合い、気持ちを通わせ、信頼を得て、相手が望む商品やサービスを生み出せていないことが一因と聞いています。

見知らぬ人にも働きかける勇気。ここから逃げている人は、本当の意味での

「見知らぬ人に働きかける力」を磨こう

気分が良くなると、コミュニケーション力がアップ

コミュニケーション能力を身につけることはむずかしいと私は思います。

ポイント

知らない人と関係を築く力を高めよう

同じテナントビルに入っている、あるいは隣近所に住んでいるけれども今まで言葉を交わさなかった人に、「おはようございます」とか「お疲れさまです」と言ってみて下さい。その時少しでも気分が良くなったら、あなたのコミュニケーション能力はとても高まったと思っていいでしょう。

相手の心をつかむ

02 まずはアイコンタクトを送ることから始める

ひとつ例を出して考えてみましょう。

たとえば知人の結婚式。8人掛けのテーブルによく知っている人が6人いて、あとの2人は自分たちとは全く初対面です。

こんな時、ほとんどの人は知っている6人で会話をしようとするでしょう。あとの2人は放ったらかしというケースが多いのではないでしょうか。

ここで「はじめまして、新郎の○○君の職場仲間の××です」なんて言って自己紹介し、その2人を会話に引き入れてあげる気持ちを持っている人は、とても少ないはずです。

見知らぬ人に話しかけなくなったのはなぜ？

それはきっと自分の働きかけに対して、相手が好意的な反応をしてくれるかどうかわからないからでしょう。

人は他人とつながり合いたいと願う半面、拒絶を受けたくないという恐れも持っています。この恐れが私たちの行動にストップをかけるのです。

かつては見知らぬ人との心の壁は薄く低かったので、たいていの人は自分の働きかけに必ず返事をしてくれると信頼することができました。

しかし現代では、**見知らぬ人には話しかけないもので、多くの人は「近寄ってくる人には用心をしなければならない」といった思い込みを持っています。**

私たちは一人ひとりがバラバラに切り離され、不安に満ちた世界を生きているようなものなのです。

まずはアイコンタクトを送ろう

そんななか、どうしたら人とのいい関係を築くことができるのでしょうか。

答えはアイコンタクトにあります。

人と会ったら、まずは相手に視線を送ります。人は他人の視線を感じ取るものですから、向こうもあなたを見るはずです。

その時に軽く会釈をします。微笑みを送れたら最高です。たったこれだけで知らない人と心が通じ、小さな絆ができたことになるのです。

そうなれば**相手も警戒を解きますから、話しかけても自然な会話になりやすいはずです。**

先ほどのケースでも仲間内で固まらず、知らない人を同じテーブルで見かけたら、真っ先にアイコンタクトを送り会釈をしておきます。すると話しかけるのがとても楽になるものです。

他人とのコミュニケーションを恐れず、面倒くさがらずに心の扉をオープンにして、いつでも人と関わりを持つという意識を持ってみませんか。
それだけでけっこう幸せな気分を味わえますよ。

ポイント

見知らぬ人にも自分と同じ願いと不安がある

誰もが他人とはつながりたいと思っています。だから先にアイコンタクトを送ってコミュニケーションをとろうとし挨拶する人は、多くの人とつながりを作ることができます。人とのつながりは大きな財産で、思わぬところであなたを支えてくれます。少しずつチャレンジを始めてみませんか。

相手の不安を取り除くには？

初対面の人と同席することになった時

■相手といい関係を築ける3ステップ■

アイコンタクトを送って警戒心を取り除こう

相手の心をつかむ

03 アイコンタクトのうまい人には愛情と情報とお金が集まる

人間には長い間集団で暮らすことで生存を果たしてきたという歴史があります。

だから、私たちは常に自分が集団から受け容《い》れられているかどうかを気にして暮らしています。

アイコンタクトは、「あなたがいることを認めていますよ」と伝える安心のメッセージ。誰だって安心のメッセージをくれる人のそばにいたいものです。

反対にアイコンタクトをくれない人には不安を感じます。太古から人類に伝わる「拒絶を受けると集団から追い出されて、生きてはいけない」という記憶が、私たちを不安にさせるのです。無愛想な人が好かれないのは、人間の持つ根源的な不安を刺激するからなんですね。

ですからアイコンタクトは人間関係の入り口であり、愛情の始まりと言ってもいいくらい重要なコミュニケーション手段なのです。

職場でアイコンタクトの練習をしよう

人間関係が広がらない人は、他人とアイコンタクトをあまりとらない傾向にあります。まずは職場などで知り合いと視線を合わせる練習から始めてはいかがでしょうか。

もちろん闇雲にアイコンタクトをとれば相手も違和感を持つでしょうから、**朝一番に会った時とか、帰り際に「お疲れさま」と言う時にアイコンタクトをまずとって、それから言葉を送ってみて下さい。**

見知らぬ人にもアイコンタクトを送ってみる

アイコンタクトを用いたコミュニケーションを、見知らぬ人にも使ってみます。

住んでいるマンション、職場、ホテルでエレベーターに乗り込んだ時に先客がいたら、アイコンタクトをとって軽く会釈などしてみましょう。

相手が心豊かな人であれば、目を合わせてくれて小さなコミュニケーションが生まれ、お互いに幸せな気分になれるはずです。

もちろん相手が全く目を合わせてくれない場合もあるでしょう。それは相手に他人とコミュニケーションするだけの余裕がなかったということ。気にしないでこの素敵な習慣を続けてみて下さい。

アイコンタクトひとつで人生が変わる

アイコンタクトをとるようにすると、不思議なことに人から話しかけられることが多くなり、思ってもいなかった情報にふれる機会も出てきます。

情報が集まれば、自分一人では考えもつかなかった素晴らしい発想を生むことも可能です。独身の人は思わぬ出会いに恵まれることもあります。

アイコンタクトひとつで人生が変わるという経験をぜひして下さい。

アイコンタクトの練習をしよう

職場から始める

最初は相手も違和感を覚えるので、まずは朝の挨拶と帰宅前の挨拶程度でOK

もし相手が目を合わせなくても

うまくいかなくても、あきらめてはいけません。職場、自宅周辺、行きつけのお店と、幅を広げていきましょう

アイコンタクトひとつで人生が変わる

ポイント

アイコンタクトを習慣化する

アイコンタクトには自分の気持ちを深く豊かに伝える力があります。だからアイコンタクトが上手になれば、様々な人と結びつけるようになります。自宅周辺、行きつけのお店、職場などでアイコンタクトを実践してみましょう。

相手の心をつかむ

04 「おはよう」「いってきます」「ただいま」「おやすみ」をきちんと言う

あなたの家庭では朝起きた時、妻とアイコンタクトをとっているでしょうか。子どもとも幼い頃には喜んで目を合わせていたのに、成長するに従ってアイコンタクトをとらなくなってはいませんか。

もしあなたが妻と親しみの込もったアイコンタクトをとっているのなら、家庭は円満なはずです。年頃の子どもとも必ずアイコンタクトをとっていれば、その子は健全に成長していることでしょう。

しかし結婚生活も数年経てば夫婦の関係も惰性に陥りやすく、丁寧にコミュニケーションを図ることを忘れがちになります。

「おはよう」「いってきます」「ただいま」「おやすみ」をきちんと言う

コミュニケーションの上達を真剣に考えているのなら、まずは家庭でのコミュニケーションを見直すべきです。

家庭でしっかりしたコミュニケーションができている人は、外でも豊かな人間関係を築いています。

朝起きたら妻の顔を見ながら「おはよう」と言います。それまでアイコンタクトなど絶えていた家庭なら、妻はあなたの顔を見ないかもしれません。でもそれを続けたら、妻だってあなたの視線に気づくでしょう。

妻も初めは気味悪がるかもしれませんが、頑張って続けてみて下さい。

家を出る時、家に帰ってきた時、寝る時にちゃんと目を見て「いってきます」「ただいま」「お帰り」「おやすみ」を言ってみて下さい。その時、豊かな感情が感じられるようになれば、あなたのコミュニケーション能力はずいぶん高まったと言えます。

アイコンタクトは反抗期の子どもにも効果的

可愛かった子どもが中学、高校と成長するに従って、あなたの言うことを聞かなくなっていきます。

それは誰もが通る道です。親ができるのは見守ることだけ。反抗していても、親がちゃんと見てくれていると感じたら、子どもは心の中で「ごめんなさい」と言い、そして「ありがたい」と感じているはずです。

朝起きた時、出かける時、帰ってきた時、寝る時の4つの大事な瞬間に目を見て言葉をかけてあげて下さい。それだけで反抗的な態度が弱まるでしょう。

部下への接し方も変わる

家庭内でそんな取り組みを続けていけば、やがて自分の後輩や部下への態度にも変化が起こります。

家庭内でしていることは外の世界にも影響を与えます。「課長、最近やわらかくなったよね」っていう声が聞こえてくるのも間近ですよ。

ポイント

家庭でのコミュニケーションの変化は仕事にも好影響を与える

まずは家庭でのコミュニケーションをおざなりにしないこと。既婚の人は妻や夫、子どもと視線を合わせ、独身の人は親との関係に手を抜かないようにしてみましょう。気持ちを込めて接する習慣をつけると、職場での人間関係が変わり始めます。

家庭にアイコンタクトを取り入れよう

家族への接し方が変われば
会社の部下・後輩への接し方も変わる

05 会った瞬間、「感じがいい！」と思われる人になるには？

その人が入ってきただけで、周りの雰囲気が良くなる人っていますね。まだ話もしていないのに、「なんて感じのいい人なんだろう」と思ってしまいます。

反対にその人がいるだけで部屋の雰囲気が悪くなる人もいます。

つまり私たちは黙っていても、体中から何かを発していることがわかります。もちろんあなたも何かしらの雰囲気を周りに投げかけているのです。

あなたの感情があなたの雰囲気を作っている

あなただって誰かと会うと、「話しやすそうだ」「とっつきにくそうだぞ」「この人とは合わないだろうな」と、感じるものがあるでしょう。

その雰囲気は感情が作り出していると思って間違いなさそうです。その人特

有の感情が、黙っていても体から漏れ出しているのです。

日頃からよく笑い、親切で、他人に興味を強く持てて、人を受け容れる気持ちを豊かに持っている人は、そこにいるだけで受容的な雰囲気がします。

反対に、他人に無関心で、心を閉ざし、表情に乏しく、喜びを持って生きていない人は、拒絶的な雰囲気です。

現代人で、男性、中年以上、ビジネスマンとくれば、たいていの人がこの拒絶的な人の範疇《はんちゅう》に入ってしまいそうです。

それほど現代ビジネスマンは感情と切り離されてストレスまみれで生きているのですね。

初めて会った人に安心感を持ってもらえる人になる

あなたの持っている雰囲気が、初対面の人との関係に影響を及ぼすのは当然です。人は誰でも自分を受け容れてくれそうな人のそばにいたいですから。

だから**家庭で家族としっかりコミュニケーションをとり、温かな感情を使う**

習慣が必要なのです。

見知らぬ人にだって気づかいを示し、優しい気持ちで接すれば、しだいにあなたの雰囲気も変わり、それに従ってあなたは話しかけやすい人に変わっていきます。

いるだけで周りを明るくする人の価値は∞（無限大）

優しく受容的な人は、存在するだけで周りを和《なご》やかにし、職場環境を良くします。

そんな人が組織にとって必要とされるのは当然です。仕事ぶりに変わりがなければ、感じのいい人はそうでない人よりも職務上の評価が高いはずです。

「他人に対して拒絶的かな、無関心かな」という覚えのある方は、身近な人に対する接し方から変えていきませんか。結局、それで一番幸せになるのは自分自身なのですから。

職場を明るくする人・暗くする人チェック

- □ 日頃からよく笑いますか？
- □ 他人に親切に接していますか？
- □ リアクションは大きいですか？
- □ 他人のささいなことをほめていますか？
- □ 自分のことをオープンに話していますか？

チェックが0〜2個　**職場を暗くしている恐れあり!?**

男性で中年以上のビジネスマンの多くがあてはまります。身近な人に対する接し方を変えましょう。まずは家族から。

チェックが3個　**あとひと息で職場を変えられる**

気をつけないと職場を暗くする人になってしまいます。初対面の人にも気づかいを忘れないなど、努力をおこたらないようにしましょう。

チェックが4〜5個　**あなたは職場に必要な存在！**

職務をしっかりこなしつつ、職場を明るくできているならば、あなたに対する周りの評価はとても高いと言えるでしょう。これからもぜひ続けて下さい。

他人に安心感を与える人は、人脈が豊かになる

ポイント

他人に安心感を与える人は人脈も豊富

他人に安心感を与えられる人になれば、初対面の人でもすぐに打ち解けて、深い話までできるようになります。また他人から話しかけられることも多くなり、人脈が豊かになります。

他人に温かい気持ちを持って接することを心がけてみましょう。

相手の心をつかむ

06 初対面で相手との距離をグッと縮めるコツ

名前とは当人にとっては、とても重要なものです。

「他の人の名前は覚えているのに、自分の名前を覚えていない人がいたら、次からは避けるようにする」と多くの人が答えています。

ですから初対面とはいえ、会う前に名前を知ることができる状況ならば、相手の名前は必ず言えるように頭に叩き込んでおかなくてはなりません。資料を確認しながら「野口さん……ですね」なんて言われたら、それだけで親近感が失せてしまいます。

朝、部下と会ったら「○○さん、おはよう」

初対面の人に会ったなら、少し離れた距離から顔を見て、「○○さんですね」とやわらかく言ってみます。

それから「こんにちは」と挨拶をします。

ただ単に「こんにちは、野口と申します」と自己紹介から始めるよりも、とても早く仲良くなることができます。

これは相手がふだんよく顔を合わせる人であっても使ってみる価値があります。

たとえば**部下と朝会ったら、「おはよう」の前に「○○さん」をつけてみましょう。**それだけで、その人とのコミュニケーションが円滑になります。

初めは恥ずかしさが先に立つかもしれませんが、相手の顔がパッと明るくなる瞬間に何度もふれるうちに、恥ずかしさは喜びに変わっていくでしょう。

会話中に名前を入れると、さらに親しみが深まる

会話中も名前を入れて問いかけると、相手はさらに話しやすい雰囲気になっていきます。

「野口さんはコーヒーと紅茶、どちらがよろしいですか？」
「野口さんの奥様はどんなお仕事をなさっているのですか？」
と、こんな感じで使います。話が上手な人は、こういうことを自然に使っていますよ。

私もレッスン中に、生徒の名前を可能な限り覚えて呼びかけるように心がけています。さすがにひとクラスで20人を超すと、全ての人の名前を覚えられるわけではありませんが、それでも事前に必死で覚えるよう努力しています。

人の名前を覚えるコツ

人の名前を覚えたいのなら、一生懸命に取り組むことです。その人の名前を何度も書く、有名人の名前とリンクさせる、会話中に何度も名前で呼びかける、など様々な方法があります。

しかし肝心なのは、相手の名前を覚えることが相手を大切にすることだと肝に銘じて必死で取り組むことに尽きると思います。

ポイント

名前を効果的に入れると、親しみが湧く

初めての人と会ったら「○○さんですね」と名前で呼びかけ、会話中も「野口さんの会社は目黒にありましたね」などと名前を入れて話しかけるよう意識しましょう。

それだけでコミュニケーションが円滑になります。

名前の上手な覚え方

会話に名前を織り交ぜる

野口さん
コーヒーと紅茶
どちらにしますか？
コーヒー
下さい

野口さんの奥様は
どんなお仕事を
されているんですか？

有名人の名前とリンクさせる

木村たくみ
です
キムタクだ！

覚えたい人たちの名前を何度も書く

名前を覚えて言うだけで
相手との距離はグッと縮まる

相手の心をつかむ

07 会った瞬間は、こんなことから話を始めてみよう

会った瞬間にどんなことをきっかけに話しかければいいのか、と戸惑う人も多いでしょう。

そんな方にお勧めなのが**「ねぎらいの言葉」**です。

ねぎらいの言葉を効果的に使って、会話をスムーズに

ねぎらいの言葉は季節と天気に目をやれば見つかるものです。

夏の盛りならば、顔を見た瞬間に「暑かったでしょう」とか「日差しが強かったでしょう」と相手をねぎらいます。

真冬の身も凍る頃ならば「寒かったでしょう」と言葉をかけます。

雨の日ならば「足元が悪かったでしょう」とか「濡れませんでしたか」とい

う言葉がありますし、風が強ければ「歩きにくかったでしょう」と言ってあげたいです。

すると相手も「ええ、もうたまりませんねえ」とか、「息が苦しいくらいでした」と答えてくれて、自然と和やかになれるものです。

そこからしばしお天気談義でもすれば、後の仕事の話もスムーズに進むでしょう。

あなたのオフィスや家が不便な場所にあるのなら「わかりにくかったでしょう」「遠かったでしょう」という言葉があります。

月末などに車で来た人には「道が混んでいたでしょう」という言葉をぜひ送ってあげて下さい。

どれも天気や相手の状況に気を配れば、誰でも思いつく言葉ばかりです。

ふだんから人を思いやる気持ちを持っていれば、自然と口から出てきて当然の言葉ばかりですね。

家族や職場の人にもねぎらいの言葉をかけよう

初対面の人や来訪者にはねぎらいの言葉をかけるけれども、家族や職場の人をねぎらうとなると抵抗を感じる人もいるかもしれません。

妻に「荷物、重かっただろう」「外は寒かっただろう」と自然と言える男性は何％いるでしょうか。

また、営業がうまくいかずに会社に帰ってきた部下に、「くたびれただろう。お疲れさま」と言える上司はどれくらいいますか。

男は相手をねぎらうことが苦手

特に男は同情されるのを嫌う生きものです。だから他人もそうだろうと誤解して、人をねぎらう言葉を避けてしまいがち。

でもそんな自分だって、家に帰ってきた時に妻から「最近忙しそうだから疲れたでしょう」などとねぎらわれたら、けっこう嬉しいことに気づかなくては

お天気ネタで相手をねぎらう

夏の暑い日
暑かったでしょう
冬の寒い日
寒かったでしょう
雨の日
足元が悪かったでしょう
風の強い日
歩きにくかったでしょう
待ち合わせ場所がわかりづらい時
わかりづらかったでしょう
道路が混んでいる
道が混んでたでしょう

相手の難儀にいち早く気づけば
ねぎらいの言葉は自然にでる

なりません。

ねぎらいは人間関係を円滑にする素晴らしい言葉です。ぜひ自然に使えるようになって下さい。

「男は本当は弱い。だから強がって生きている」と気づいた男だけが、妻や子どもから大事にしてもらえるのです。

ポイント

ねぎらいの言葉は相手を思いやる気持ちから生まれる

天気や相手の状況に気を配り、相手の難儀に気づけば、ねぎらいの言葉は自然に出てきます。ねぎらいの言葉をうまく使えると、その後の会話がスムーズになります。

相手の心をつかむ

08 初対面の人とは短く切って相手の出方を見る

初対面の人とは共通の話題も簡単には見つからないので、会話をむずかしく感じる人も多いでしょう。

「野球はお好きですか?」などと自分が関心のある話題を無理やり振っても、なかなかいい会話にはならないものです。

そんな時は、そこに落ちている話題を見つけて会話のきっかけにすることをお勧めします。

一番いいのは天気の話題ですね。

「今日は少し寒くなりましたね」

などと話を向けます。これなら相手も「そうですね」と答えてくれます。

短く切って相手の出方を見る

会話下手な方は、その後の展開に自信がなくて天気の話題を持ち出すのをためらうようです。

「天気の話題だと、相手がそうですねと言うと会話が終わるじゃないですか」と不安げにおっしゃる方も多いです。

そういう時は、その話題について、自分のトピックスを少しだけ続けると会話がつながりますよ。

「今日は少し寒くなりましたね」

「そうですね」

「さすがに今日はコートを着ようか迷いましたよ」

大事なことは、**あくまでも短く切って相手の出方を見ることです。**その話題に乗ってくるのか、質問でくるのか、「そうですか」しか言わなくて待っているのか。

相手がその話題には乗りにくいこともあるでしょう。そこを見極められずに長々と話をすれば、相手の気持ちはあなたから逃げ始めます。それが仕事の大事な取引先なら大問題！

会話は互いが楽しい気分になって初めて弾むものです。初めのうちは、相手がその話題に乗ってきているのかどうか探りながら進める必要があるでしょう。

話題は天気以外でもその場所にあるものなら何でもかまいません。相手が持っているパンフレット、服装、窓の外に見える景色、喫茶店のメニュー、そこに置いてある新聞の記事などなど。

よく観察すれば話題になりそうなものがいっぱい落ちています。

サインを送ろう！「あなたに興味がある」「あなたを受け容れる気持ちがある」

雑談で互いの距離を縮めるためには、ただ話をするだけでは足りません。

アイコンタクトをとり、相づちを丁寧に打ち、ほめるべきところではほめ

る。

こうしながら「あなたに興味がありますよ」「受け容れますよ」というサインを出していきます。

そうして初めて互いに打ち解けることができるのです。

ポイント

雑談しながら相手との距離を縮める

初めての人と話す時は、その場に落ちている天気や窓の外に見えるものを話のきっかけにすると自然な会話になります。

雑談しながら相手の気持ちに共感し、受けとめることを通じて、互いの距離が縮まっていきます。

雑談で相手との距離を測ろう

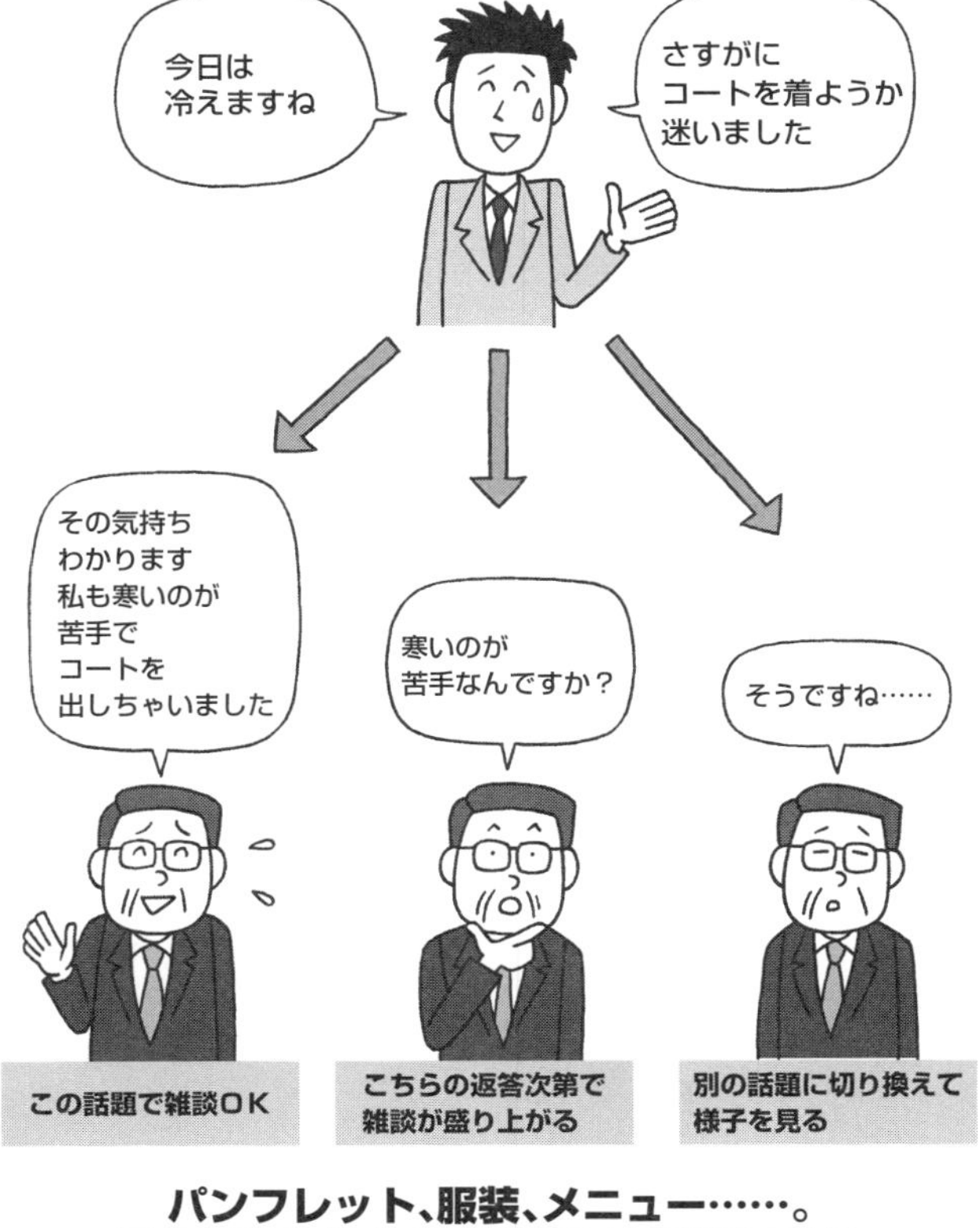
今日は
冷えますね
さすがに
コートを着ようか
迷いました
その気持ち
わかります
私も寒いのが
苦手で
コートを
出しちゃいました
寒いのが
苦手なんですか？
そうですね……
この話題で雑談ＯＫ
こちらの返答次第で
雑談が盛り上がる
別の話題に切り換えて
様子を見る

パンフレット、服装、メニュー……。
その場にあるものなら何でも話題にする

09 相手の「こだわり」に「気づいて」伝えると会話はもっと広がる

ほめ上手になれれば、人間関係はことのほかスムーズになります。しかし日本人はほめるのもほめられるのも苦手ときていますから、なかなかむずかしい。

そんな不器用な方にお勧めなのが、**気づいたことを言葉にしてあげること。**「髪を切ったばかりですか？」「一番新しいタイプのスマホですね」「カバンは○○のものですね」と目についたことを表現するだけです。

ほめることを「相手をおだててコントロールすること」と誤解している方でも、これなら抵抗なく言えるのではありませんか？

メガネ、ネクタイ、カバン、靴へと目を配る

人は誰でもこだわっている部分があるもの。そこに目をつけて言葉にしてくれる人には、無条件で心を開くものです。

相手が男性ならば上から下へと、メガネ、ネクタイ、カバン、靴などに目をやってみましょう。

人とは違ったセンスをしている、新しいものに変えた、ブランドものを使っている、そんな時に気づいてくれる人を誰もが待っているものなのです。

行動に「気づく」と絶大な信頼が得られる

さらに嬉しいのが行動に気づき、それを言葉にすること。

ある著名な方の出版記念パーティに招かれた時のこと。

初対面の男性が私に話しかけてこられて、「先ほど1階のトイレで、後ろで待っている人に、お待たせしましたって言ってた方ですよね。そんな紳士がいるんだと思っていたら、同じパーティにいらしたのでお声をかけさせて頂きました」と嬉しい言葉を頂いたのです。

自分の行動に価値を認めてくれる人には、誰もがこの上ない喜びを感じるものです。この時、その人とはあっという間に話が弾んで、facebook友達になりました。

とってつけたようなほめ言葉よりも表現が楽ですから、ぜひチャレンジしてみて下さい。

人は「こだわり」に気づくとこの上なく喜ぶ

以前、雑誌の取材を受けた時のこと。編集の方のメガネがとてもセンスが良かったので、「そのメガネ、お気に入りではないですか？」と尋ねたところ、そこからずいぶん話が弾んだ思い出があります。人間、こだわりのある部分には話すことも豊富に持っているものですね。しかもふだんあまり言葉にされていないところですから、相手もとても饒舌《じょうぜつ》になるようです。

相手が初対面なら、こんなところから会話を始めてみるのもいいものです。あなたの話術のひとつにぜひお加え下さい。

相手の「こだわり」に気づく

メガネ
髪形
ネクタイ
スーツ
時計
スマートフォン
カバン
靴

「こだわり」をほめると、相手は無条件で心を開く

ポイント

相手のことに関心を持つことが全ての原点

相手のことに関心を持つというのはコミュニケーションの原点です。特に相手の行動に目を向けて、他の人とは違う点に注目し言葉にできると、相手から大変な信頼を寄せられます。そこから会話は大きく広がるので、ぜひ習慣にして下さい。

相手の心をつかむ

10 口下手な人こそ使ってみたい。話が自然に始まるこの裏ワザ

私の名刺はつい最近まで「名前」「会社名」「会社の住所」「電話番号」しか載っていないシンプルなものでした。

名刺の材質が凝《こ》ったものでしたので、そこを話題にして下さる方もいましたが、そこから話が盛り上がるということはなかったように思います。

しかし最近パーティへのお招きなども増えてきて、様々な方とお話をする機会が増えましたので、思い切って名刺も作り変えることにしました。

最近では裏面に仕事以外の情報を加える人が増えています。私もそこに会話のきっかけとなるフレーズを入れてみました。

一番食いつきが良かったのは「好きなアニメ」

私の場合はベストセラーとなった書籍の写真とタイトル、それに「出身地」や「趣味」も入れましたが、**なかでも一番食いつきが良かったのが「好きなアニメ」でした。**

『北斗の拳』が好き」とひと言入れただけで、様々な方から「私も好きです」「登場人物の中では誰が好きですか?」「一番印象に残っている場面は?」などと矢継ぎ早の質問。あっという間に話に花が咲きました。後からわざわざメールを下さった方もいたぐらいです。

「自分を落とす」話を入れよう

ただ「ゴルフが趣味」と書いても、そこから話が弾むところまではいきにくいもの。そこでコミュニケーションの基本的な技、**ちょっとだけ自分を落とす話を入れます。**

「趣味ゴルフ。先日18ホールで50パットしちゃいました」「スライスが止まりません。誰か止めて下さい」。これだと親近感が湧いて話を振りたくなりますよね。

こんな自己紹介を名刺に入れている新米社員を見ましたよ。

「わが社の秘密兵器と呼ばれています。秘密のままで終わる可能性もあり」

これだと一発で顔と名前を覚えて、可愛がってあげたくなります。

「一流大学でボート部」なんて立派な経歴を書かれたら、ちょっと敬遠したくなるのとは対照的でした。

口下手な人ほど有効な作戦

さるＩＴ系企業の方は、名刺も先端をいってます。名刺の裏には家族構成が書いてあり、加えて「５歳の息子が幼稚園でもらってきた粘土で何か作っていました。それ何？ と聞くと、鶏胸肉と答えました」というシンプルな笑い話。

この方、数カ月単位で名刺を作り変えてトピックスも入れ替えているらしいのですが、取引先の人から「新しくしたらまた下さい」と言われるほど人気だそうです。

名刺も工夫次第で会話のきっかけになることがあります。口下手な方ほど、この作戦はお勧めです。

ポイント

名刺にひと工夫で話に花が咲く

名刺に会話のきっかけとなる情報を散りばめておくと、それだけで話が弾みます。

好きなアニメは食いつきがいいです。自分を少し落とす話を入れられたら、多くの人が親近感を持って覚えてくれます。

名刺の裏に「自分ネタ」を仕込もう

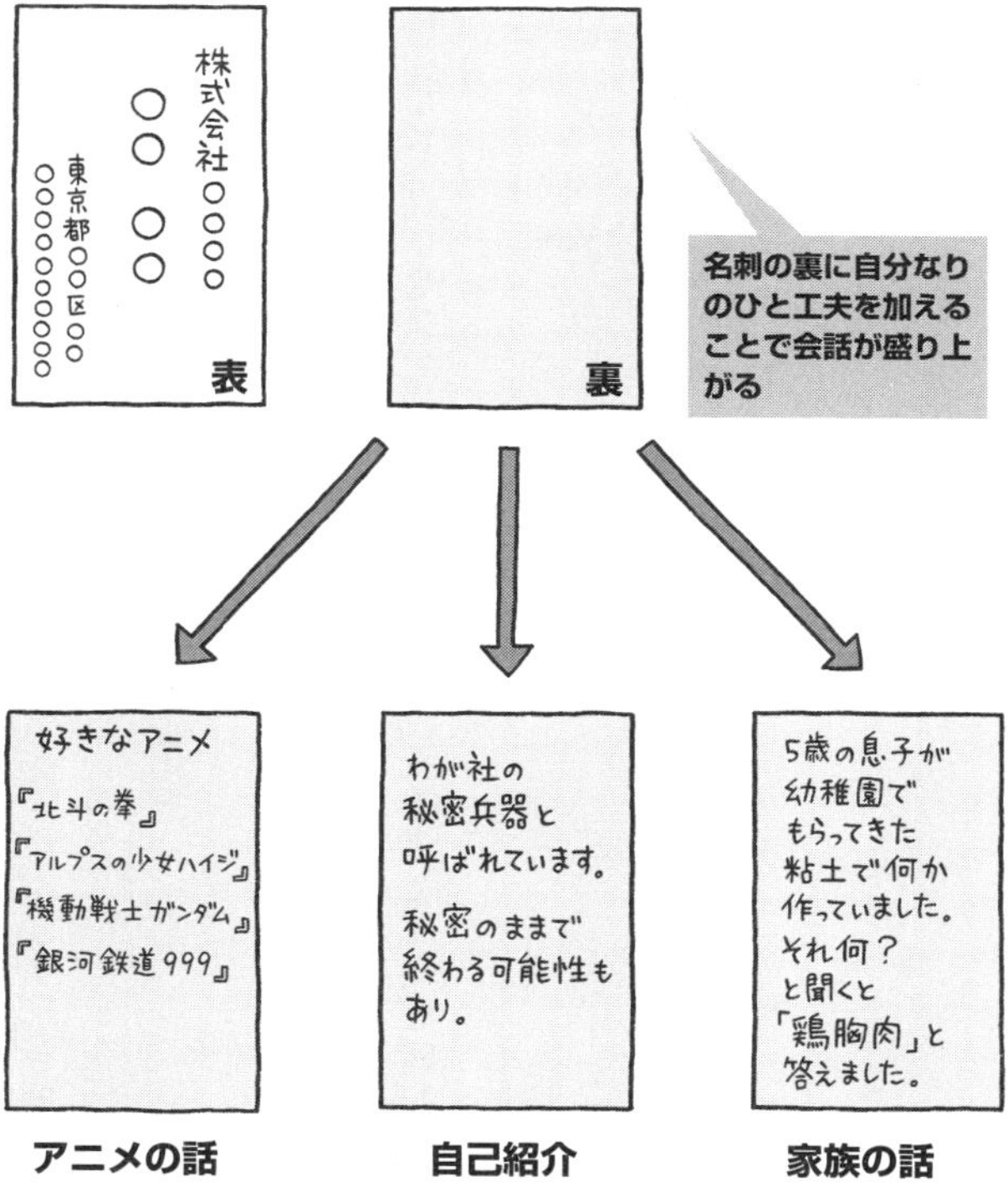
株式会社○○○○
○○ ○○
東京都○○区○○
○○○○○○○○○
表
裏
名刺の裏に自分なりのひと工夫を加えることで会話が盛り上がる
好きなアニメ
『北斗の拳』
『アルプスの少女ハイジ』
『機動戦士ガンダム』
『銀河鉄道999』
わが社の
秘密兵器と
呼ばれています。
秘密のままで
終わる可能性も
あり。
5歳の息子が
幼稚園で
もらってきた
粘土で何か
作っていました。
それ何？
と聞くと
「鶏胸肉」と
答えました。
アニメの話
自己紹介
家族の話

ちょっとダメな自分をアピールすると親近感ＵＰ

コラム 01

あなたに途方もない愛と豊かさをもたらす、とっておきの方法

私はこうしてコミュニケーションの世界に入ることになりました

私がコミュニケーションを教える仕事に興味を持ったのは、29歳の時。世は平成元年を迎え、多くの人がバブル景気に酔いしれていた時代でした。

その頃、私は世の人々のコミュニケーションに少し異変が生まれ始めていることを感じていたのです。

たとえば、知り合いとは気さくに話せるのに、知らない人に自分から進んで挨拶をしたり、また自分から話しかけて関係を築けない。そんな人が増えているという感触が私にはありました。

「拒絶」という人の恐れを発見したことが私のスタート

コミュニケーションを教える教室を開こうと意気込んで始めてはみたものの、当時の私はずぶの素人《しろうと》。コミュニケーションを専門的に学んだこともなく、もちろんそれを裏づける資格もない状況でしたので、まさに無謀とも呼ぶべき船出でありました。

加えて、当時は世間でもコミュニケーションについて研究している人も大変少ない時代で、参考になる本なども皆無だったのです。仕方がないので自分一人で研究を始めました。私が当時一番知りたかったのは、「知らない人同士で挨拶をすることになぜ抵抗を感じるのか」ということです。

スポーツジムに行ってはロッカー室などで、見ず知らずの人に「こんにちは」とか「お先に失礼」とか言ってみます。なるほど、自分から他人に働きかける時は心に抵抗が起きました。

「これは何だろう」と考えてみますと、思い至ったのが相手の返事。そうです、**私は相手がどんな返事をしてくれるのか、自分を受け容れてくれるのかどうかを気にしていたのです。**

つまり私は相手の「拒絶」をとても恐れているということに気がついたのです。人は他人の受容を心から求めているのに、また同時に拒絶を恐れている。この相反する気持ちが人の心の中でせめぎ合っていることを知ったのです。

これをもう少し突き詰めて言うと、人は「結びつく力」と「離反する力」の間で揺れているということです。

「結びつく力」を選べば人は強くなり、また幸福を実感することができます。逆に、「離反する力」を選べば人は弱くなり、孤独と寂しさのなかで絶望して生きていかなければなりません。

あれから二十数年。当時、私が少し感じた不安、人々のコミュニケーションにまつわる異変は現実になり、今では知らない人に挨拶をしたり、気を配ったりすることが憚《はばか》られる時代になってしまいました。

私たちの心はバラバラになり、心は荒れ果て、あれほど強かった精神力も経済力もとたんに弱まってしまいました。

さあ、あなたはどちらの力を選びますか。「結びつく力」は温かく強いですが、それを手に入れるには他人を信じる必要があります。少々の拒絶に合っても、辛抱強くメッセージを送る努力がいるのです。もしそれができたら、あなたには途方もない愛と豊かさが手に入ることでしょう。

第２章

これをやるから
話が続かない！

場がシラける人、
場を盛り上げる人の
話し方

場を盛り上げる

01 雑談がうまい人は、人間関係作りもうまい

会話が苦手な人にとっては、まさに無駄口と映るに違いない雑談。では、人はなぜ雑談をするのでしょうか。

実は、私たちは雑談をしながら、互いの関係を様々に築き上げているのです。

たとえば朝、相手の顔を見て挨拶をする。これは「あなたは私の大事なメンバーですよ」というメッセージになっています。

相手の話を聞く。「うん、うん。へー、そうなんだ」と相づちを打つ。これは「あなたの話を尊重しています。あなたを大切に思っています」というメッセージなのです。

自分の存在を認めてくれる人、自分を大切にしてくれる人に私たちは安心感

を抱き、共同して活動していこうという意欲を燃やします。

人は喋るうちにアイデアがひらめく

雑談を馬鹿にしてはいけません。人は思いを言葉にすることで、自分の中に眠っていた考えに気づくことができます。

あなたも人と喋《しゃべ》るうちに「あっ、そうだ！」とひらめいたことがあるはず。人は黙って考えを巡らせるよりも、思いを言葉にして他人に聞いてもらったほうがより早く、いい考えを引っ張り出せるものなのです。

雑談力は仕事力

日頃、たいして役に立っていないように見える雑談ですが、「この人は自分とつながっている」という安心感があると、人間関係ができていますから、何かの時に遠慮なく率直な意見を言い合えるようになります。

たとえば新しい企画。人間関係ができている間柄なら「予算面でむずかしそうだよ」と率直に言い合えます。

関係ができていないと、**相手と対立したくないという思いから本音が言いにくく、言葉が曖昧になってしまうという弊害が起きることになります。**雑談がうまい人は、人間関係作りがうまいのです。

女性は雑談で幸せを感じている

「女たちは役にも立たないことをべらべらと」と舌打ちをする男性もいるはずです。

しかし彼女たちの雑談は生きていく上で必要不可欠なものなのです。

楽しいことがあった。それを誰かに聞いてもらえると、そこでさらに楽しく幸せな気持ちを実感できます。つらいことがあれば、それを人に話すとつらい気持ちは溶けていきます。

雑談は幸せを何倍にもふくらませ、つらい気持ちを小さくさせる効果があります。だから男性に比べて女性は幸せそうに見えるのでしょう。反対に「くだ

雑談はひらめきの宝庫

昨日家に帰るとさ、
犬が家から飛び出して……
え!?
それでどうしたの？
雑談は相手の存在を尊重するサイン
仕事でも率直に言い合える間柄に発展
あの企画書
進捗どう？
読ませてもらったよ
いい内容だったよ
懸念があるとすれば
予算面で難航しそう
なところかな

仕事を円滑に進めるためにも雑談はどんどんしよう

らない」と女性を蔑《さげす》む人は幸せと縁遠い表情に見えますね。

ポイント

雑談はストレスをも軽くする

仕事前にちょっとした雑談をするだけで、人間関係が円滑になって、仕事上の言いにくい事柄も率直に言い合えるようになります。思いを言葉にすれば、いいアイデアも生まれます。また雑談はストレスをも軽減するので、決して疎《おろそ》かにしないで下さい。

02 雑談を楽しみたい時はこんな言葉をかける

昔、プロ野球の広島東洋カープに、炎のストッパーと呼ばれる伝説のセーブ王がいました。

彼がマウンドに上がると、リーグを代表するスラッガーたちもキリキリ舞い。試合はそこで終わったも同然だったのです。

実は会話にも話を止める炎のストッパーがいます。こちらは誰からも好かれない、迷惑な存在です。

「分析」してしまうと話は続かない

私が電車内で聞いた、中年ビジネスマン同士の会話です。

「オレ、最近毎朝家を早く出て、ふた駅歩いているんだよ」

「何分歩いているの？」

「40分ぐらいかな」

「それだと250キロカロリーぐらいかな。ご飯を1杯食べたら終わりだね」

と、こんな感じで延々と分析会話が続いていました。まるでテレビの解説者のようで、隣にいた私はあくびが止まらなくなっていたものです。

これはまた別のカップルの会話。

女性が「私、会社を辞めようと思うの」。すると男性が「辞めてどうするの？」と聞くや、女性が「辞めてどうするのって言われたら話は終わり」と言い、憤然としてその場を去っていきました。

男性はなぜか「分析」が大好き。**仕事の上では必要なこの性質が、会話では話を止めるストッパーになってしまいます。**

男性の多くは「オレだ！」と思ったかもしれませんね。

感情にフォーカスすると雑談はもっと楽しくなる

雑談を楽しもうと思ったら、互いの感情に意識を向けるとうまくいきます。楽しい気分を言葉にすると気持ちはますます楽しくなり、つらい気持ちを吐き出すと気分が楽になるのでしたね。

先ほどの「毎朝家を早く出て、ふた駅歩いている」人には、まず**「頑張っているねー」と声をかけてあげるだけで展開が変わるでしょう。**また、自分がそんな状況になったら、どんなことを考えたり行動したりするかを想像してみます。

ふつうそんなことを始めたら苦痛でやめてしまいたくなるでしょう。

「今日はやめておこうかな、なんて日はないの?」。すると葛藤する自分を語ってくれるかもしれません。

「会社を辞めようかと思っている」という彼女に、「そんなにしんどいの?」と言葉をかけてあげられたら、彼女のつらさが溶け出して、また頑張ろうと思ったかもしれませんし、彼への愛情も深まったはずです。

これから人と話す時は、「相手はどういう気持ちをわかってほしいのか」と意識して会話を進めてみて下さい。

ポイント

分析をやめて聞く意識を持つ

「どうして？」と分析を始め、「それからどうなったの」と一足飛びで結論に話を持っていくのをやめにします。

大事なことはプロセスの中にあるもの。「その時あなたはどんな気持ちだったの？」と聞く意識を持ちましょう。

会話のストッパーとは

分析ばかりする人

解決策ばかりに目を向ける人

結論を急ごうとする人

相手も苦痛に感じてしまう

雑談が楽しい人はココが違う！

- 相手の気持ちに耳を傾ける人
- どんな気持ちに気づいてほしいのかがわかる人
- 相手の感情に意識を向ける人
- 同情の心を忘れない人

雑談は、相手の感情にフォーカスすると楽しくなる

03 雑談が絶対盛り上がる鉄板ネタ

自分の弱みを上手に見せられるか否かで、その人の器の大きさがはかれます。

しかし最近は、自分の至らなさを人に語れば、相手から馬鹿にされたり見下されたりするのではないかと心配する人が増えているようです。するとと自分の中で他人に話せる部分が少なくなり、かえって魅力を減らしてしまう結果となります。

たとえば「家で奥さんに怒られることってあるんですか？」と尋ねられた時に、「別にないよ」と答える人と、「あるよー。夕方6時に、今夜晩ご飯いらないって電話すると、ご飯もう作っちゃったわよって怒られて、別の日に明日ご飯いらないって言うと、もう献立決めてたのにって怒られるね。とにかくオレが何か言うと、うちの奥さんは腹が立つみたい」と話してくれる人がいたら、どちらが魅力的かわかるでしょう。

弱さを上手に語れる人は度量の大きい人

他人はあなたを、言葉ではなく態度や話し方で判断します。

あなたが至らない部分を語ったとしても、話し方が楽しげであれば、あなたの印象が悪くなることはありません。かえって朗《ほが》らかで親しみやすい人に映るでしょう。

反対に「別にないよ」と言う時に、自分を隠すような印象があると、話しにくい人、他人に心を開かない人というように思われてしまいます。

「妻が恐い」「お金がない」「体の調子が悪い」は鉄板ネタ

あなたが既婚男性ならば、**「妻が恐い」「お金がない」「体の調子が悪い」の3つをテーマに話をすれば、その場はだいたい盛り上がります。**

人は誰もが至らなさを持っています。あなたが自分の至らなさを気軽に口にすれば、他の人たちも気が楽になるのです。

反対に至らなさを口にできない雰囲気を作ってしまえば、他の人たちも自分を隠さなくてはならず、重苦しい気分で話をしなければなりません。

自分の失敗談を話す

あなたに年頃の子どもがいるのなら、ぜひ至らない自分を話してあげて下さい。そうすると親の威厳がなくなると誤解をしている人がいますが、あなたの真実はふだんの言動で全てバレています。

「お父さん、若い時モテなくてね、やっとお母さんを見つけて結婚できたんだよ。だからお母さんには頭が上がらないんだね」

こんなに自分を正直に語ってくれる親のもとならば、子どもも自由にのびのびと育つでしょう。

自分の弱みをさらけ出そう

弱みをさらけ出せない人は会話が弾まない

弱みなんてないよ！

器の小ささを見られてしまう

自分の弱み鉄板ネタ

① 妻が恐い　② お金がない　③ 体の調子が悪い

妻にまたお小遣い減らされてさー
あらら～
あー、わかりますよ僕もです

話し方が楽しげであれば印象は悪くならない

弱みを上手に見せられる人は、周りを楽しくする

ポイント

周りの人を明るくするのはこんな人

「お金がない」「血圧が高い」「モテない」「妻が恐い」「子どもが言うことを聞かない」。こんな部分を楽しげに話せる人は、周りの人の気分を楽にしてあげられます。

するとみんなの気持ちが解放されて、様々な話が出てきて楽しくなるのです。

場を盛り上げる

04 アドバイス好きは女性から嫌われる

ある女性が「サッカーってルールがむずかしくてわかんないわ。せっかく点が入っても、審判が今のダメって言う時があるじゃない。男の人ってよくあんな長い時間観てられるわね」と言いました。

サッカーファンならこの女性が何のことを言っているのか、ピンとくるでしょう。

すかさず「あれはオフサイドって言ってね、敵の選手が自分より前に……」と教えてあげたくなる人が多いはずです。

特に男性は人に教えるのが大好きで、自分の知っているエリアに話が及ぶと黙っていられなくなる人が多いのです。

会話では安易なアドバイスは×

しかしその後、女性は「そうなの」と言ったきり口を開かなくなり、会話がとぎれてしまったという経験がある人も多いはず。

アドバイス好きな人は、好意で教えてあげたのに、何で不機嫌になるのだろうと、今の今まで女性の態度を不思議に感じてきたに違いありません。

でも原因は自分のアドバイスにあったと、今日から自覚しましょう。会話では安易にアドバイスはしないほうがいいことが多いのです。

人にはただ話を聞いてほしいだけの時があるもの

雑談で意識を集中してほしいのは、相手の気持ちです。その言葉の中には必ずわかってほしい気持ちが込められているもの。

先ほどのサッカーの話をした女性には、「自分にはあんなに長くは観ていられない。つまらない」という気持ちがあったはずです。

「○○さんはサッカーつまんない？」って聞いてあげたら、喜んで話を続けてくれたでしょう。しかもこの言い方だと、そのつまんないサッカーを、とある男性と観ているわけです。「○○さんは、そのつまんないサッカー観戦に付き合ってあげているんだ。優しいね」と続ければ、彼女は大喜びで彼とのエピソードを披露してくれるでしょう。

人にはただ話を聞いてもらいたい時があります。そんな時に無用なアドバイスをもらうと、感謝どころか怒りすら覚えるものです。

トラブル回避には沈黙して待つ習慣を

このトラブルを回避するには、**相手が話し終えるまで口をはさまないように心がけることです。**

たとえ話し終えたように感じても、数秒は黙って本当に話を終えたのか確認するために待つこと。

それだけで相手の話を進めたい方向、わかってほしい気持ちが伝わってくるものです。アドバイス好きな人には我慢が必要ということですね。

ポイント

「へー」「そうなんだ」を上手に使おう

アドバイスは相手より上位に立つ行為。だから不用意に使うと人間関係を壊してしまう結果に。人はただ話を聞いてもらいたいだけの時がけっこうあるもの。「へー」「そうなんだ」と相づちを打って聞き手に回る余裕を持って下さい。

相手が求める答えに気づこう

男性は何事もアドバイスしたくなる
あの時は
こうすべき
なんだよ
だから
逆に
いやいや
だって
そんな
つもりで
相談したん
じゃ…
アドバイスの注意点
相手より上位に立って話す行為を
不用意に使うと、人間関係を壊してしまう

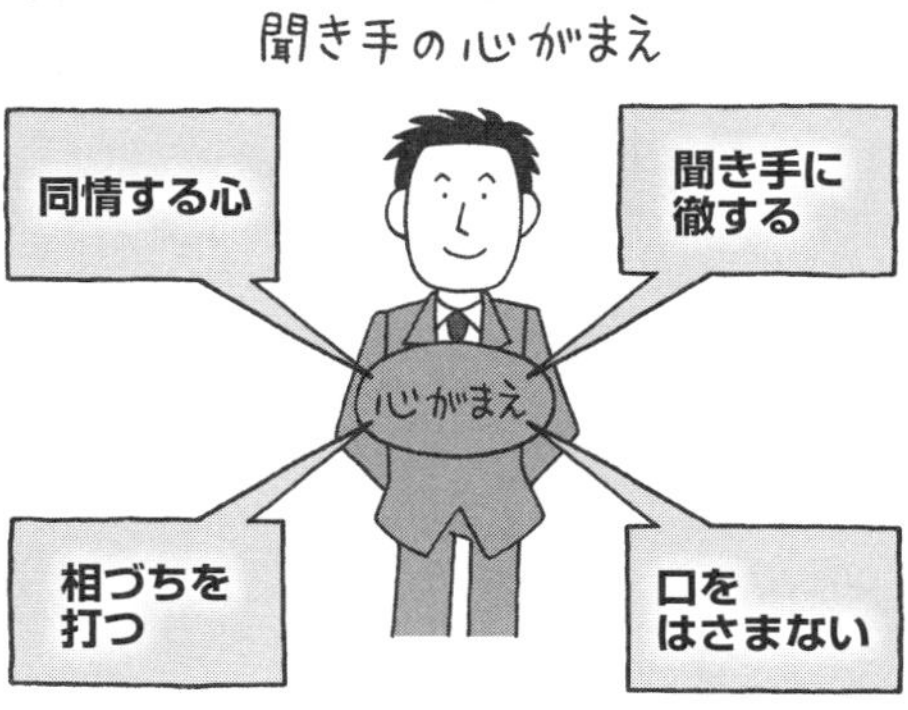
聞き手の心がまえ
同情する心
聞き手に
徹する
心がまえ
相づちを
打つ
口を
はさまない

相手が話し終えたと思っても数秒待つ

05 言いたくないことを聞かれた時は、こうかわそう

個人情報保護法なるものが生まれて、会話にもトラブルが増えてきました。少し個人的なことにふれると「それは個人情報でしょう」と責めるかのような口調で会話を止める人が出てくるようになりました。

私の教室でもこんなことがありました。

レッスン中に独身の男性が、「結婚したら生活費っていくらぐらいかかるのですか?」と質問してきたので、既婚女性に「ご自身の家庭のことではなく、あなたが耳にした一般論でけっこうですので、結婚したら生活費がいくらぐらいかかるか教えてあげてもらえませんか」と聞いてみましたが、「そんな個人情報は言えません」とのつれないお返事。

教室中が冷え冷えと凍りついた記憶があります。もちろん私の質問にも賛否

両論があるでしょう。もはやそんなことを人に聞いてはいけない時代だと怒る人もいるはずです。

人とあっという間に仲良くなれる人の話し方

かと思うと、まだまだオープンな人も大勢います。

教室でボーナスの話題になった時に、既婚男性に、「ボーナスからもらえるお小遣いって、ボーナスの何%ぐらいなものですか？」と聞いてみましたら、「私は10万円です」とストレートなお返事。私は具体的な数字を期待していなかったので、思わず「そんなことまで教えていただいてありがとうございます」と頭を下げました。

彼のひと言でほかの方々も、「私は1円ももらえません」「私は浮気がバレたのを契機に、ボーナスのお小遣いゼロになりました」「うちの主人はお金を持つと1週間ぐらいで使い切ってしまうので、あげません」と話が一気に盛り上がり、レッスン時間を大きくオーバー。そこからみなさん仲良くなり、卒業した今でも時々飲み会を開いているそうです。

言えない時は「それは言えなくて」と穏やかに断る

自分を隠せば人間関係は縮み、オープンにすれば豊かになる。

もちろん言わないほうがいいこともたくさんあってむずかしいですが、今の世は言っても良さそうなことでも口を閉ざす人が多すぎるような気がします。

言いたくないところに話が及んだら、「個人情報」といったおおげさな言葉を持ち出さなくても、**「そこはちょっと困るんです」と穏やかに言えばいいことではありませんか。**

そして自分が他人に言えない部分を一度点検して、「言ってもいいことなのに自分はどうしてそこを言えないのか」と感じたら、勇気を出してオープンになってみましょう。

オープンな会話で盛り上げよう

オープンな会話は場を一気に盛り上げる

ボーナスのお小遣いはどのくらいもらえますか？
私は10万円
出ませーん
浮気がバレましてボーナスのお小遣いゼロです
どうしても言いにくい時は
個人情報は言えません！
冷たい答え
そこはちょっと困っちゃいます
穏やかな答え

打ち明けにくい話は、穏やかに断る

ポイント

他人に話していい部分を増やそう

話題が少ない人は、他人に話せる部分の少ない人とも言えます。話してもいい部分が増えれば、自然と話題は増えるはず。すると、人間関係も豊かになります。

他人に話してもいい部分があれば、どしどし話題にしてみましょう。

場を
盛り上げる

06 ネガティブ発言はダメ出ししないで受けとめる

ある会合で「私も年だからね、そんなに無理はできないよ」と年配の人が言ったら、「ずいぶんネガティブですね」と横にいた年下の人が突っ込みました。するとと年配の人はムッとした表情になり、その場の雰囲気が悪くなってしまいました。

また、最近の若い方々の中には、「自信がないです」「無理です」「私なんかこの程度の人間なんで」と、ネガティブな言葉をすぐ口にする人がけっこういます。

そんな人を前にするとつい、

「ネガティブだなあ。そんなんじゃできるものもできなくなるよ」

「もっとポジティブになろうぜ」

「だからダメなんだよ、おまえは」

とダメ出ししてしまう方がけっこういます。

すると後ろ向きな言葉を吐いた人は、さらに意気消沈。話が弾むわけがありません。

ネガティブな気持ちを抑え込むと爆発する

昨今のポジティブブームで、後ろ向きな発言を攻撃する人が増えてきましたね。

しかし人間生きていれば、ネガティブな気持ちになることもあります。それは全ての人に言えること。

ネガティブな気持ちをいけないものとして抑え込むと、それは心の中に充満していつか爆発し、本人の心と体を壊します。

ネガティブな発言は受けとめる

人の心にはポジティブな部分もあれば、ネガティブな部分も必ずあるものです。

それは人が笑う時もあれば泣く時もあるのと同じ。泣くのを止められたら、誰だってつらいでしょう。悲しい気持ちは泣いて吐き出して初めて楽になります。

ネガティブな気持ちは拒絶するのではなく、受けとめることでしか癒されません。

ネガティブな言葉を聞いたら、相手の言っていることを言葉の通りに言い換えてあげるといいでしょう。

「私も年だからね、そんなに無理はできないよ」と言われたら、「先輩、ずいぶん弱気なことを」と、「私なんかこの程度の人間なんで」ときたら、「おっ、キミは自分のことをずいぶん小さく見ているんだね」と言ってみます。

すると発言した本人は、自分の気持ちに気がついて楽になります。当然口も軽くなって場も和み、話も弾んでいくでしょう。

ネガティブな気持ちを受けとめてくれる相手がいる人は幸せです。つらい期間がわずかですみますから。

これはポジティブな気持ちに執着する人には到底できない深い愛です。

今度ネガティブな発言をする人に出会ったら、責めないで受けとめる姿勢をとって下さい。

ポイント
「○○な気持ちなんだね」で相手はラクになる

ネガティブな気持ちになった人を、強い言葉で変えようとしても無理。

自信がない、不安、弱気な気持ちは誰かが受けとめてくれて初めて楽になる。

「あなたは○○な気持ちなんだね」という言い方を覚えておくとうまくいきます。

ネガティブ感情を受けとめるコツ

ネガティブな感情は受けとめてあげるとスッキリする

07 「そんなの無理」より「そうなったらどうする?」

不動産会社の若い営業マンが、

「今は営業ですが、私は企画開発に回ってお客様が喜んで下さるような家を作りたいんです」と言いました。

するとその上司がこう言ったのです。

「無理、無理、無理。うちは営業が一番重要視されているのに、おまえが企画開発に移れるわけないよ」

若い営業マンは「それはわかってますけど」と言ったきり、視線を落としたままでした。

後日、彼はその会社を去り、企画開発の仕事ができる会社に転職したそうです。素晴らしい人材でしたのに、その会社は磨けば光る原石をみすみす別の会社に譲り渡す結果となりました。

無意識に摘み取っている子どもの可能性

親は子どもを愛しているようで、実は子どもの可能性を摘み取ってしまう行為を無意識のうちにしてしまうことがあります。

子どもが「ボクは大人になったらサッカーの選手になる」と言った時、「おまえは足が遅いから無理だよ」などと言う親はけっこう多いと思います。

幼少期の親の発言は、子どもの未来をも決めてしまう重いもの。気軽にダメ出しなどもってのほかです。

夢を持つ人に嫉妬しない

「そんなの無理だよ。だって……」という言葉、誰もが使った経験を持っているのではないでしょうか。

それは夢を持つ者への嫉妬でしょう。

自分が果たせなかった未来への夢、失くしてしまったエネルギーに対する後悔が、この言葉を生むのです。

しかしそれでは相手の気持ちを踏みにじることになり、また話もそこで打ち止めになってしまいます。

「そうなったらどうする？」と聞いてあげる

私たちは相手の夢を聞くと、「どうやってそうなるんだい？」と成功への道筋を尋ねてしまいがちです。そうして「そんなの無理だろ」と言いがち。

そんな時は、**「そうなったらどうする？」と相手が夢を達成したという前提で話を続けてみましょう。**

「企画開発部に入れたら、どんな家を作ってみたいの？」

「サッカーの選手になったら、どこの国でプレーしたいの？」

こんな展開なら相手は喜んで話をするでしょう。そして自分の夢を強くイメージして、それを実現させるでしょう。

磨けば光る原石をダメにする上司の口グセ

可能性を無意識のうちに摘んでいる

相手の夢を後押しする話し方をしよう

そんな話のできる人が尊敬を集めないわけがありません。

ポイント **相手の夢を後押しする話し方**

「……になりたい」「実現したい」と未来の夢を語る人がいたら、「そうなったらどんなことが待っているか」というイメージを描きながら話を進めます。

「会社を辞めて沖縄でペンションを開きたい」という夢を語る人には、「そのペンションのディナーは何かな」と、夢がさらにふくらむような話につなげていきましょう。

場を盛り上げる

08 女性と話すのが苦手な人はココがヤバイ！

これまでお話ししてきた通り、男性はすぐに知識を語りたがる特徴がありま す。

たとえば女性が、「昨日の雨はすごかったですね。私、傘を持ってなくてビショビショでしたよ。新しい服だったんでショックでした」と言うと、「昨日は東シナ海から湿舌《しつぜつ》っていう湿った空気が入ってきたから大雨になったんだよ。姿なき台風ってやつだね」と、相手の話を自分の知識へと変換します。そうなると相手は何も言葉をつなげなくなりますね。そんな専門用語など知っている人は少ないですから。

これでは話は知識を持つ人の独壇場となって、他の人たちはただ話が早く終わるのを待つだけということになります。

「知識が豊富だと尊敬される」という思い込み

このような人たちには、「知識が豊富だと尊敬されるはず」という思い込みがあるのでしょう。

もちろん仕事の世界ではその通りです。しかし一歩、雑談という世界に立ち入ったなら、知識は会話を盛り上げる材料にはなりにくいものです。

このようなことを続けると、尊敬どころか周りの気持ちを全く考えない無神経な人としか思われないでしょう。

女性にモテない人は、ココをチェック！

最近は結婚難が著しい世の中ですが、女性と話をするのが苦手な人は知識偏重の会話になっていないか要チェックです。

男性「ご出身はどちらですか？」

女性「広島です」

男性「広島はカキの産地ですね」

と、こんなふうに知識をひけらかしても楽しい会話にはなりにくいでしょう。

知識よりもエピソードを話す

会話が楽しいのは、互いの感情を表現し合い受け容れ合うから。**雑談では、知識よりもエピソードを語れば会話は盛り上がり、互いの距離も一気に縮まります。**

「昨日の雨でビショビショ」と言われたら、「私は布団をベランダに干したままでビショビショにしちゃったよ。おかげで床に寝たんだよ」と体験をエピソード風にお話しすれば、誰だって話に入りやすいですよね。

女性に「広島の出身です」と言われたら、「私の知り合いの広島の人は、みんな楽しい人ばかりですよ。どなたもお酒好きで」と、自分の体験をお話にすれば、彼女だって話すことも聞くことも思い浮かぶでしょう。

エピソードには気持ちがあふれています。知識ではなく、どうぞ自分の話をして下さい。感情の共有がスムーズになりますよ。

ポイント

相手が親しみが湧く話し方

相手が口にした話題について知識を語ってしまうと、話はそれ以上には発展せず、親しみも湧かないもの。

それよりも自分の体験をエピソードにして話して下さい。すると気持ちがよく伝わって話が広がります。

雑談で知識を披露してもウケない

へえ、広島出身なんだ？
カキの年間水揚げ量
日本一だよねー
広島出身
…
しら〜〜
自分の体験談に換えると
私の知り合いの
広島の人は
みんな楽しい人
ばかりですよ
へえ〜〜
親近感

体験談　「同情」「共感」など親近感につながる要素を持っている

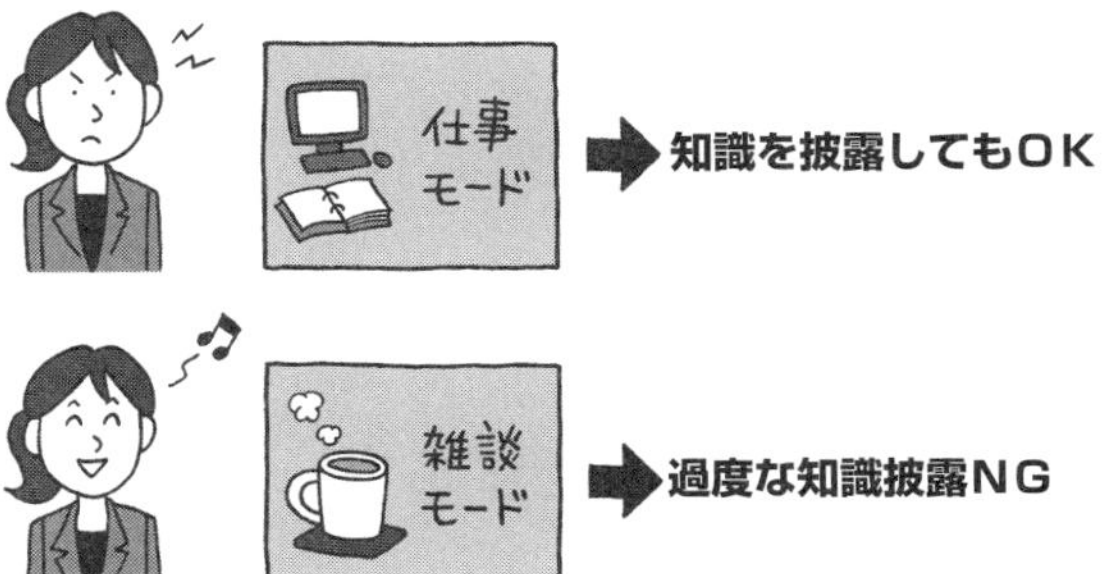
仕事
モード
知識を披露してもOK
雑談
モード
過度な知識披露NG

相手が若い女性であればあるほど要注意！

09 不満や愚痴は、思う存分吐き出させてあげよう

A「私はもう25歳なのに、うちは門限が10時なんですよ。信じられないでしょ」

B「それだけ娘さんが可愛いってことじゃないですか」

このBさんのように、何の役にも立たないフォローの言葉を入れる人はけっこう多いです。

悪役を作らず、全て穏便にすませようという日本人的意識がこんな言葉を生むのでしょうか。

しかしこの言葉を受けたAさんは表情がなくなり、話をしなくなりました。たぶん自分の気持ちを無視した言葉に、心のシャッターを下ろしてしまったのでしょう。

不満や愚痴を封じ込めてはいけない

しかしこれはただ不満や愚痴を封じ込めただけの、抑圧的な行為です。こんなことをすると、本人の中にある鬱憤《うっぷん》は心の中で行き場を失ってしまいます。そして負のエネルギーが心に充満する結果となります。

ですから、「会社の先輩が私の仕事にいちいち口を出してきて、やりにくいんだよ」と言われた時に、「あなたに早く仕事を覚えてほしいんじゃないの」などという無用なフォローの言葉は決して使ってはいけません。

「困っている気持ち」「不満」「戸惑い」を吐き出させてあげる

「ちょっと聞いて下さいよ。私はもう25歳なのに、うちは門限が10時なんですよ。信じられないでしょ」

と言われたら、この人の気持ちを感じる努力をしてみましょう。

「それは困ったね。大人の付き合いもあるもんね」

このように、自分の気持ちに共感を持ってくれていることがわかると、話し手は喜びを感じて、心に溜まった気持ちを思う存分、打ち明けるでしょう。「会社の先輩が私の仕事にいちいち口出しをしてきて、やりにくいんだよ」にも、「そりゃやりにくいね。そんな先輩がいるんだ」と言ってあげれば、相手は気持ちよく語ってくれるでしょう。

不満や愚痴はダメと思い込まない

無駄なフォローをする人は、不満や愚痴はいけないものと思い込んでいます。おそらく自分の中にある不安や恐れの気持ちを直視することができないのでしょう。

だから他人の不満や愚痴を聞くことに耐えられないのです。

そんな覚えのある人は、まず自分の気持ちに気づき、それを吐き出すことにもチャレンジです。

そうすれば、他人の愚痴も受けとめることができるようになります。

不満や愚痴の上手な受けとめ方

とにかく吐き出させることに意識を集中する

ポイント

無用なフォローはきっぱりやめる

不満や愚痴を言う人には、まずその気持ちを吐き出させてあげることが肝要です。

決して「あなたのためを思って……」などと無用なフォローをしないこと。人間は不満や愚痴を言葉にすることで、その気分を吐き出すことができるのです。

場を盛り上げる

10 人は成功体験より挫折体験を聞きたがる

私がまだ20代半ばの頃に出会った上司は、「オレたちの若い頃は」が口グセの人でした。

私はあまりのくどさに業を煮やして、「それがどうしたんですか」と言って、そのまま会社を辞めました。

若気の至りでしたが、本心であったことは確かです。

もちろん適度な成功体験も必要でしょう。しかしそれも度が過ぎると、会話を止めるストッパーとなります。

他人が知りたいのは、あなたの挫折体験

人々が特に聞きたいのは、あなたの挫折体験です。挫折したとはいえ、現在

のあなたがいるわけですから、そこを乗り越えてきたはず。一度も失敗などしたことがない人には全く魅力を感じません。

あなたが迎えたピンチと、そこを乗り越えるドラマに人々は魅了されます。

あなたの挫折の思い出は何ですか。

「一度は子会社に左遷されて、本社への道はあきらめた」

「ずっと出世とは無縁の部署で、のんきに定年を迎えると思っていた」

「好きな人に、一緒に田舎に帰って下さいと泣いて頼まれ、一度は会社を辞めた」

「大学を出て入った会社が1年で倒産。数年浪人の後、転職した」

そしてそこからどうやって今の立場に昇り詰めたのか。そのドラマを誰もが知りたいのです。人はどんなにピンチに立っても、努力すれば必ず報われることをみんなが知りたがっています。

生徒が一番乗ってくる私の話とは?

2009年に発表した『誰とでも15分以上会話がとぎれない!話し方66のルール』(すばる舎)がベストセラーになり、私は世間の人々に名前を少し知ってもらうことができました。

最近教室に来る生徒は、私をかなり前から成功した人間だと思っているようです。

しかし私の暮らしが上向いたのはその後から。それまでは年収300万円程度の暮らしが20年近く続いていました。

こんな話をしますと、生徒たちは身を乗り出して話を聞こうとします。

「どうやって本を出版できたの?」「自分をどこまで信じることができたの?」「奥さんはどこまで信じてくれたの?」と、質問がどんどん飛んできます。

誰もが苦しい人生がどうやって開けていくのかを知り、光明を見つけたいのです。

最後に私が「そして年収が1億円を超えました」と告げると、だれも「自分もそうなれるかも」という希望を持って帰ります。

あなたの挫折体験が人々の希望となります。ぜひ話してあげて下さい。

ポイント

挫折を恥と思わない心を持つ

人々はあなたの挫折と、そこを乗り越えたドラマを知りたいのです。

挫折を恥と思わないで、積極的に自分をオープンにしましょう。

それが人々の光となって、つらい時を乗り越えるエネルギーとなるのです。

挫折体験を積極的に打ち明けよう

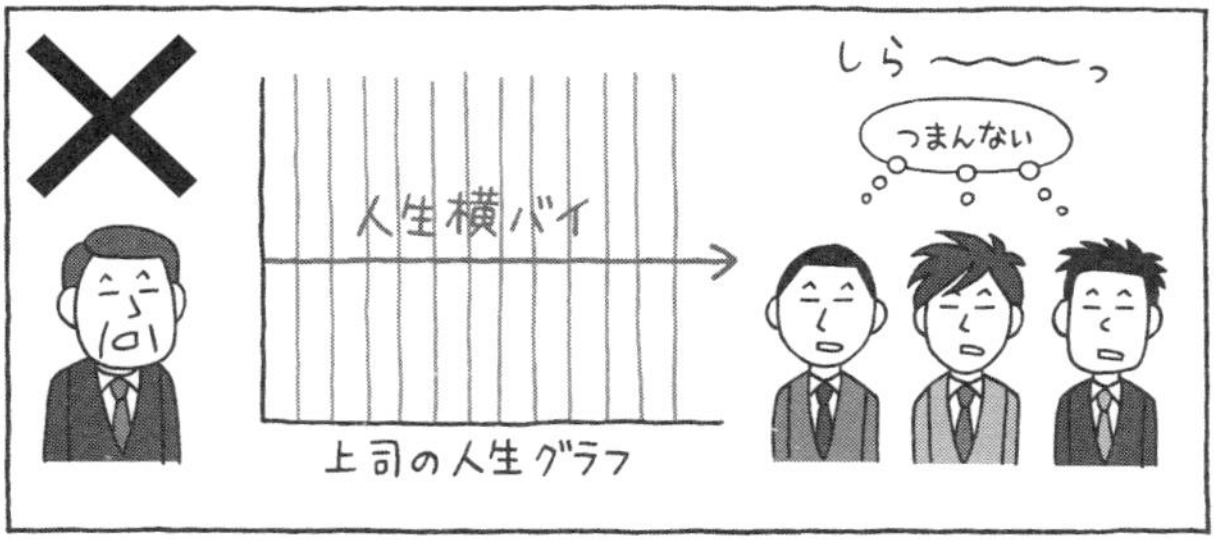

部下は上司の波瀾万丈な
人生経験を聞きたいもの

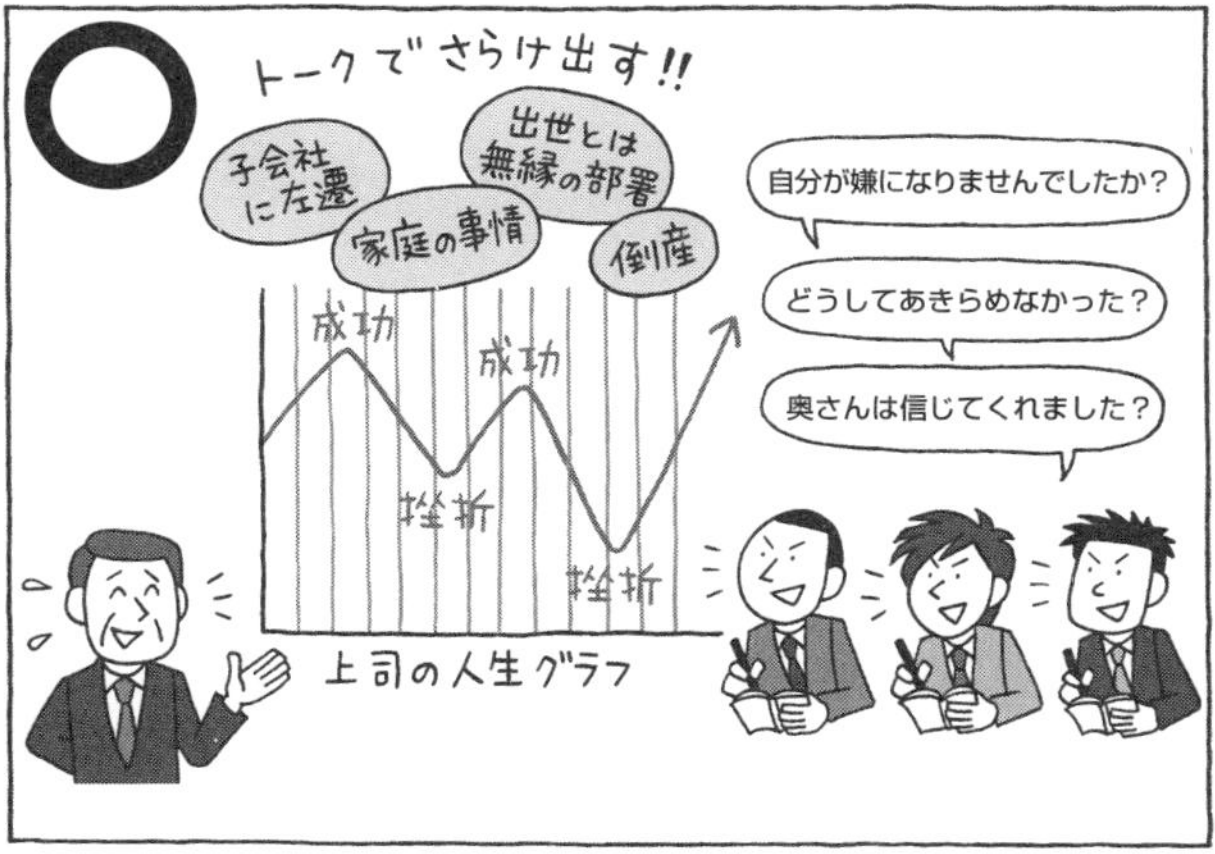

あなたの挫折体験談は、部下にとって励みになる

コラム 02

私もこれで叱られました。プロも陥るアドバイスの誘惑

男は常にアドバイスをしたい衝動に駆られ女から嫌われる

本書では、アドバイスをする時はよほどの注意が必要とお伝えしています。私には「コーチング」という仕事があります。これは質問によってクライアントから話を引き出し、問題解決の道筋をクライアント自身に発見してもらうためのコミュニケーションです。だからアドバイスなどはもってのほか。クライアントから大きな「気づき」が生まれるまで、いつまでも待つ忍耐力も要求されます。

しかし私も男の端くれ。心の中では他人にアドバイスをしたくて仕方がない時があります。そして本書でお伝えした通りに、見事な返り討ちに遭うことが

あります。

さて、私にはゴルフ友達が幾人かいます。その中に、私の勧めでゴルフを始め、あっという間にゴルフの虜《とりこ》になった女性が一人います。

彼女はセンスも良く、インストラクターにもよくほめられるほど筋がいいのです。初めは私の言うことにもよく耳を傾け素直でした。ある時までは……。

それが、どんどんスコアが伸びて、私のスコアとあまり変わらなくなってきたあたりから様子が変わってきました。どうも私のアドバイスをあまり受けたくない様子。

私も女性がアドバイスをあまり好まないことは知っています。

しかし、彼女とラウンドをするたびに思うのです。「アプローチがうまくなったら、もっといいスコアが出せるのに……」。

心はウズウズしますが、じっと我慢の子でいたのです。

この状況でアドバイスしない男がいるだろうか

それがある時、彼女の口から望外の言葉が飛び出しました。

「私、アプローチがよくわからないんですよ。アプローチがうまくいけば、スコアももっと良くなるのにね」

さて、常日頃から彼女のアプローチショットを見続けていて、「アドバイスしたい」と思ってきた男に、この言葉はどう聞こえるでしょうか。

「私にアドバイスして！」と聞こえたとして、誰が責められるでしょうか。

「アプローチはね……」。アドバイスの快感に心を奪われた男に、目の前にいる女性の迷惑そうな表情など感知できるわけがありません。

しばらく名調子で喋り続けた後で、ようやく彼女の冷めた視線に気づきました。「余計なお世話だったか」。すると彼女、「私は話を聞いてもらいたいだけなのに」。

やってしまった。こんな簡単な罠にまんまと引っかかってしまっては、全国

80万の読者に申しわけが立たない。ああ、情けない。これでは「アドバイスをする男は」などと偉そうに書けるはずがない。

いや、同じ過《あやま》ちを犯す者同士だからこそ書く資格があるのだ。そんな葛藤と言い訳に明け暮れる日々を送っておりました。

実は彼女、最近私のスイングを見て時々こう言うのです。

「野口さん、ショットの時、頭が動いていますよ。こんなふうに」

第3章

気づけば相手が
どんどん喋っている！

誰とでも驚くほど
会話が続く
聞き方・話し方

01 「私は聞くほうはできる」という人は100%聞き下手

「私は聞くほうはできるんですが、説明がどうも苦手で」

これは、私が開いている教室への問い合わせでけっこう耳にするフレーズですが、教室に来ていただくと、ほぼ100%の確率で、聞くことが本当に下手な方ばかり。

今、この本を読んでいる方のなかにも、「自分は聞くほうはOKだ」と思っている方が多いのではないでしょうか。

典型的な男会話

会話というのは、相手が話した内容について自分の考えや経験を話すもの、と多くの人が思っているようです。

A「秋はサンマがおいしいね」
B「オレは柿が待ち遠しい」
A「そうかい。オレはサンマに大根おろしをかけて一杯やるのが楽しみだ」
B「ほう、オレは酒を飲まないんで、晩ご飯の後に食べる柿が最高なんだよ」

見事な男会話で、一方的に自分の主張を繰り返しています。しかしこれだと互いを本当に理解し合うということは永遠にできません。

誤解されている「聞く力」

多くの人が、話を聞くことを「相手の言っていることを理解すること」と思っているようです。

先ほどの会話でもBさんは「Aはサンマが好きらしい。そして酒好きだ。ちゃんと聞いたぞ」と思い、Aさんは「Bは柿が好きなんだ。酒が飲めないから甘いものが好きなんだな。覚えているぞ」と思っているのでしょう。

こうして互いに相手の話をちゃんと聞いたと思っているに違いありません。

そして心の奥では、互いに「あいつは人の話をちゃんと聞いていない」と非難していることでしょう。

聞くとは相手を深く知ろうとすること

相手を深く理解するために会話を使おうという意識のある人は少数です。

初めは理解しようと思っていても、**自分の考えが思い浮かぶと、「私はね」「それはね」とつい自分の話をしてしまいがちです。**

しかし人というのは自分の話を聞いてほしいもの。そして自分の気持ちをわかってほしいものです。

もしあなたが聞く力に目覚め、それを使いこなせたら、他人はあなたに親しみを持ち、あなたのために動こうと思うでしょう。

そして人間関係は考えられないほど円滑になり、仕事にも好影響が生まれます。

聞く力は人間関係の大いなる力。これから一緒にそのスキルを学んでいきま

自称「聞き上手」の落とし穴

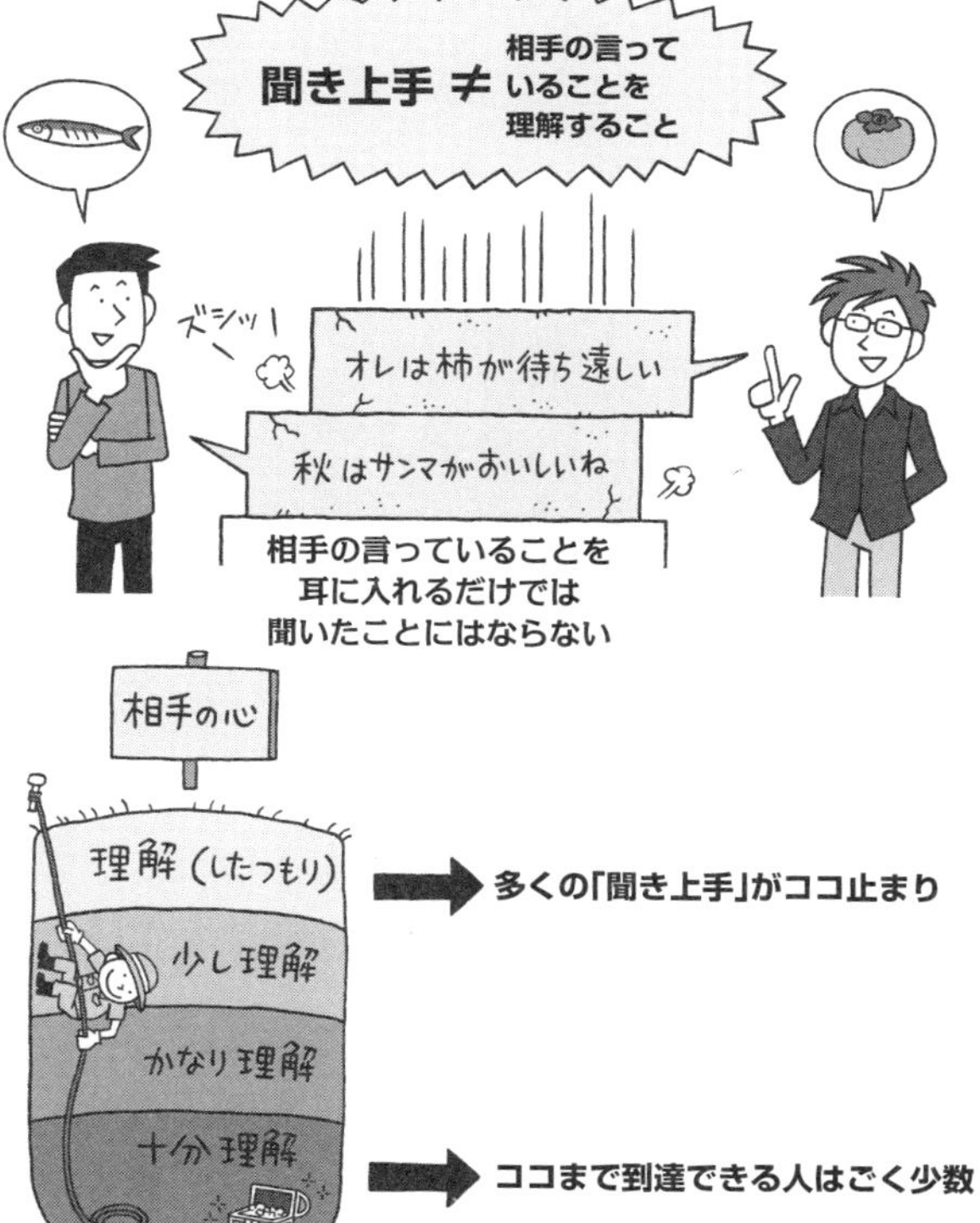
聞き上手 ≠ 相手の言っていることを理解すること
ズシッ！
オレは柿が待ち遠しい
秋はサンマがおいしいね
相手の言っていることを耳に入れるだけでは聞いたことにはならない
相手の心
理解（したつもり）
多くの「聞き上手」がココ止まり
少し理解
かなり理解
十分理解
ココまで到達できる人はごく少数

相手を「深く理解する人」こそが本当の「聞き上手」

しょう。

ポイント

相手の言っていることを理解するだけでは「聞き上手」とは言えない

多くの人が「相手の言い分を理解すれば話を聞いたことになる」と思っています。

しかしそれだけでは相手は不満です。もっと自分を深く知ってほしい、興味を持ってほしい、そして気持ちをわかってほしいと願っています。人にはそういう欲求があるとわかると、話を聞く意味が理解できます。

驚くほど会話が続く

02 相手がどんどん話したくなる「聞き方」「話し方」

相手を深く理解するために必要なこと。それは相手に自由に喋ってもらうことです。

そのために聞き手に必要なのは「反応すること」のただ一点。これに尽きます。

人は自分が話したことを相手がどう感じたかをとても気にしています。あなたが相手の言うことを全て理解していたとしても、**それをどう感じたかをフィードバックできなければ、それは話を聞いていないのも同然なのです。**

人は反応のいい人に話しかけたいもの

あなたも当然、反応のいい人を求めています。外で有名人を見かけた時、

「すごい人を見ちゃった」と伝える相手は、「本当ですか！　そりゃすごいですね」とびっくりしてくれる人のはず。

私たちは自分の言葉に反応してくれる人を待っています。反応のいい人がいれば、無意識のうちにその人のそばに行き、「今日ね」と話しかけるはずです。

反応の小さい人は会話を盛り下げる

もしあなたが反応の小さい人ならば、会話をする時に意識の大部分が、話す方向に向いていないか確認してみましょう。

たとえば女性から「ドラマをビデオ予約しておくの忘れたわ。いやになっちゃう」と言われたら、「確かイケメンの○○が主役だ」という記憶がよぎり、「自分はその時間帯はニュースを観ている」と自分自身のことに意識が向かいます。

また「今は全ての番組を録画しているビデオもある」と思ったりもします。

そして、どの話題も適当ではないと判断すると、仕方なく「あっ、そう」という言葉を発するだけになり、話し手はあまりの反応の小ささに意気消沈。会話も盛り上がらずに終わってしまうことになります。

相手の気持ちをわかってあげるひと言を言おう

これから人の話を聞く時は、情報的な事柄よりも相手の気持ちに焦点を合わせてみて下さい。

「ドラマをビデオ予約しておくのを忘れていやになっちゃう」と言う女性の気持ちを感じてみましょう。

たぶんそれがわかった時は「ショック」であり、「悔しい」はずです。

「それはショックだったね」「悔しいね」と**気持ちをわかってあげる言葉を送ると、話し手の表情はパッと明るくなってテンションも上がり、話を続けるはずです。**

何より話を聞いてくれるあなたに、大きな親しみと信頼を感じるでしょう。

これぞ大人の聞き方！　と言っていい瞬間です。

ポイント

自分が話したいという欲求を抑えよう

会話をするとどうしても自分が話すことに意識が向かいがち。するといい反応ができなくなります。

話したい欲求をなだめて、相手の気持ちをわかってあげようとすると、いい言葉が出てきます。

素直な反応が「できる人」「できない人」

素直な反応ができる考え方

ドラマを予約し忘れちゃった
今どんな気持ちだろう
気の利いたアドバイスをしよう
相手の感情面
ショックだった？
悲しかった？
嬉しかった？
恥ずかしかった？
面白かった？
情報面
どんな状況か？
人数は？
場所は？
何が起きた？
対処法は？
それはショックだったね
もう一度チェックしなきゃ
○ 素直な反応ができる
× 素直な反応ができない

自分の欲求を抑えて相手の感情に注目することが大切

驚くほど
会話が続く

03 話している人に体を向ければ信頼度アップ！

話を上手に聞いてもらえると、話し手は聞き手に対して親しみや愛情を感じます。

話を聞いてもらえると、誰もが自分を大切に扱ってもらえている気がするからです。

反対に言うと、話を聞いてもらえないと、人は自分が大切にされていない気がします。聞き下手な人の人間関係があまり良くないのは、この辺りが原因なのです。

話しかけられたら、顔を上げて話し手を見る

しかし聞き下手な人が、いきなり相手の気持ちを感じてみようと言われて

も、むずかしくて戸惑いを覚えるかもしれません。

まずは体で話を聞く姿勢を見せてみましょう。

誰かが話しかけてきた、またはグループの中で誰かが話し始めた時。

会話に自信がない人は、**視線が安定せず、うつむき加減で話を聞きがちです。**この態度が、もう話を聞く気がないと相手に映るのです。

話し手をしっかり見ることが聞き上手の第一歩。ぼんやりではなく、話し手の瞳に焦点を当てるつもりでしっかり見てみましょう。

これで話し手に、「話を聞きますよ」というあなたの気持ちが伝わります。

腕組みはNG

顔を向けたら、次は体です。話し手に体の正面を向けて話を聞きます。こうすると真摯に話を聞くという気持ちが伝わります。

この時、腕組みなど厳禁。座っているなら手は膝に、立っているなら手は体の横に置きましょう。

管理職なら椅子を回して相手に体を向ける

管理職の立場にある人は、部下から話しかけられた時の態度には注意が必要です。

「課長、今よろしいですか?」と尋ねられた時に、パソコン画面から目を離さずに「何?」なんて気のない返事をしていたら、話しかけづらいイメージを与えてしまって、肝心な情報を伝えてもらえないこともあるのです。

これからの昇進は上からの評価だけではなく、下からの評判も必要です。部下の心をつかめなくては、出世もままなりません。

さて、部下から話しかけられた時は、パソコンから部下へと目を移し、座った椅子を回して部下に体を向けて「何ですか?」と言って下さい。

もし手が離せないのならば、優しくてはっきりした声で「何でしょう。今、手が離せなくてごめんね」と言えば、相手を大事にしている気持ちが伝わります。

「聞き上手」になるには
体を相手に向けることから始める

聞き上手の2大原則

その1 相手の目を見る

ぼんやりではなく、しっかり見る

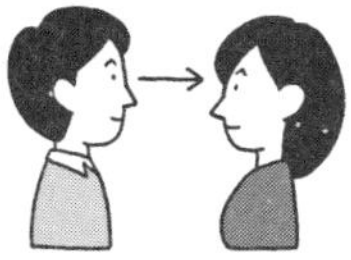

その2 体は正面に

立っている時は
体を相手の正面に

座っている時は
身を乗り出して

部下に声をかけられたら

どうした？

忙しくて対応できない時

今、手が
離せないんだ
手が
空いたら
さっきの話
何だったの？

上の立場の人ほど部下に対する態度には注意が必要

後で「何だったの？」と聞けば、部下は大切にされていると安心するでしょう。

ポイント

「体を相手に向ける」＝「話を聞く態勢」

体を相手に向けて顔を見ると、「話を聞きますよ」というメッセージになります。

管理職は部下が何か言ってきたら、なるべく仕事の手を止めて体を相手に向けて話を聞きます。それが部下を育てる第一歩となるのです。

04 驚くほど相手が話をし始める3つのキーワード

聞き上手になりたければ、自分の話す欲求をなだめて、相手の気持ちに焦点を当てることです。

どう反応したらいいのかわからない人は、次の3つの反応を身につけることから始めてみましょう。

興味を伝える「へー」からチャレンジ

「私、最近毎日お弁当作って会社に来てるんですよ」

と女性が楽しげに話してきました。ここでは「何かあったの？」「どんなおかず？」「時間はどれくらいかかるの？」という質問は後にして、彼女の楽しげな気持ちに目を向けて、彼女の話に興味を持ってあげます。

そして「へー」っと興味深げに相づちを打ってみましょう。

「なんだそんな簡単なこと」と思った方も多いでしょう。しかし、興味深げで楽しそうな「へー」が言える人はそういません。

だいたいは棒読みで興味など感じられない反応が多いです。

もし**気持ちの乗った「へー」が言えたら、その人は聞く力の基礎力を備えている**と言えるでしょう。

驚きの「えーっ！」が言えたら、相手は有頂天

「とうとうゴルフで100を切ったよ」と同僚が嬉しそうに言ったら、間違いなく「えーっ！」と驚いてあげてほしいもの。

なぜなら彼はその言葉を待っているのですから。

相手の気持ちに意識を持てば、相手がどんな反応を期待しているかもわかるようになってきます。

あなたの周りで驚きの「えーっ！」を上手に表現している人がいたら、その

トーンや感情表現をぜひ参考にしてみましょう。

称賛の「ほーっ」は相手を饒舌にする

「ダイエットをして5キロやせました」

「ほーっ」

誰だってほめられれば饒舌になるもの。称賛のこもった「ほーっ」が言えたら会話もずいぶん楽になるでしょう。

ほめるのが苦手な人も、気持ちを込めて「ほーっ」と言えたら、それでほめたことになるので、ぜひチャレンジして下さい。

相手の話を聞いたら、息を大きく吸い込んで「へー」「えーっ！」

相手の話を聞いたら、気持ちを胸いっぱいに感じ取りましょう。

そして息を吸います。これが感情表現のコツです。吸い込んだ息を吐き出しながら「へー」「えーっ！」「ほーっ」と言ってみましょう。声量が大きくなり、気持ちも込もりますよ。

ポイント

「へー」「えーっ!」「ほーっ」だけでも相手は満足して話す

相手の話を聞いたら、まず気持ちを感じ取ります。そして、息を吸いながらさらにその気持ちを胸の中でゆっくり味わい、息を吐き出しながら「へー」「えーっ!」「ほーっ」と表現してみましょう。各々の気持ちが伝われば、相手は喜んで話してくれます。

相手が喜ぶ3つの反応

興味深げに
表現することが大切

驚きの「えーっ!」
を意識する

称賛の気持ちを
込める

「へー」「えーっ!」「ほーっ」エクササイズ

①相手の話を胸いっぱい
感じ取る

②息を吸う

③息を吐きながら……

この3ワードだけで話し手は十分満足する

05 会話の初めで質問していませんか？

「私、先週旅行に行ってきたんです」と言われたら、「へー、どちらに？」と誰だって質問したくなりますよね。

でも**聞き上手は、会話の初めではあえて質問をしません。**

なぜなら質問というのは聞き手が知りたいことであって、話し手が話したいこととは筋違いなものが多いからです。

「先週、旅行に行ってきた」という話し手は、この後何かが言いたくて話を始めたのでしょう。

「旅先で素敵な人との出会いがあった」のかもしれないし、「食べたカキに当たった」のかもしれません。

それは後の話を待ってみないとわからないことです。

共感して待つのが聞き上手

「私、先週旅行に行ってきたんです」と言われた時、聞き上手は「おっ！」とか「いいねぇ」と反応します。

そして、穏やかな顔をして「何でも話してみて。待ってますよ」という表情で待っています。

すると話し手は、自分が話したいことを自由に喋ることができます。

話し手が一番喋りたいことを話すのですから、会話は盛り上がるでしょう。

話し手の意図がわかったら、少しずつ質問を入れても大丈夫

少し待てば相手の話したい方向が見えてきます。

「ネットで見たホテルの口コミは良かったのに、行ってみたら最低だった」と聞けば、相手が話を進めたい方向が見えてきますすね。そうしたら質問ＯＫです。

「口コミと一番違っていたのはどこ？」などと聞いてみましょう。これなら話し手の話したい方向に沿っていますから、邪魔にはなりません。

私が出会った「聞き上手」

ある時、雑誌のインタビューに私が答えて「うちの生徒さんは8割方が口下手な方ですから」と言いました。女性の編集の方は「8割ですか！」と反応した後、私の言葉を待っていました。

そして私の話が一段落した時に、「さっき8割方が口下手とおっしゃいましたが、ということは2割の方は口下手ではないということですね！」と尋ねてきました。

彼女にしてみれば、口下手ではない人が話し方を習うということに大変興味を感じたそうです。

でもそれを私の話の途中で聞いてしまうと、私が言いたいことを遮《さえぎ》ってしまうと考えて我慢していたのでしょう。

会話の最初に質問してはいけない理由

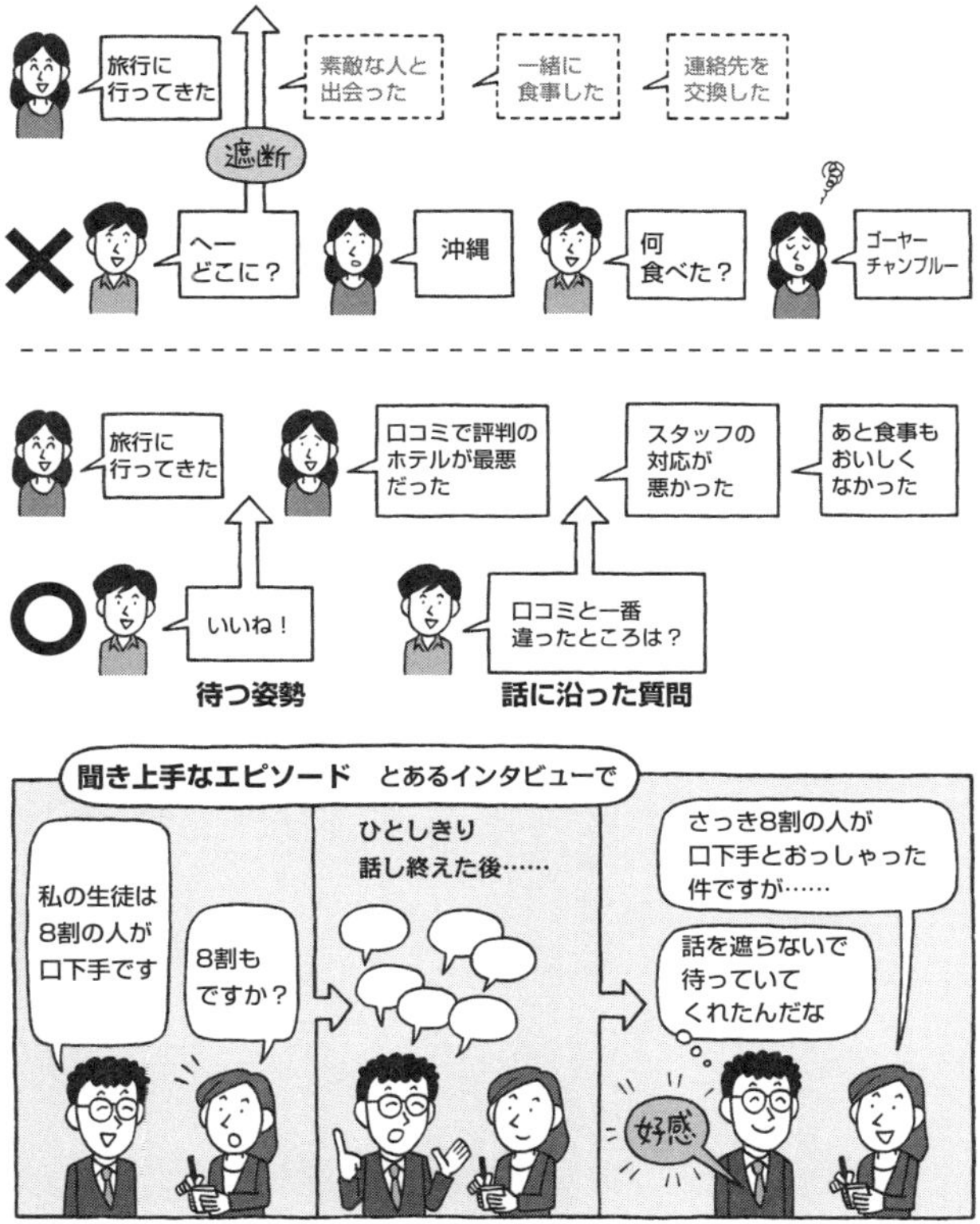
旅行に行ってきた
素敵な人と出会った
一緒に食事した
連絡先を交換した
遮断
×
へーどこに？
沖縄
何食べた？
ゴーヤーチャンプルー
旅行に行ってきた
口コミで評判のホテルが最悪だった
スタッフの対応が悪かった
あと食事もおいしくなかった
○
いいね！
口コミと一番違ったところは？
待つ姿勢
話に沿った質問
聞き上手なエピソード　とあるインタビューで
私の生徒は8割の人が口下手です
8割もですか？
ひとしきり話し終えた後……
さっき8割の人が口下手とおっしゃった件ですが……
話を遮らないで待っていてくれたんだな
好感

聞き上手は、相手の話を遮らない

この時、私は「さすが雑誌の編集に携わる人は、聞き方がうまいんだな」と感じました。

ポイント

聞き上手は質問を待つ

「ついにスマホにしたよ」と言われても、「どこの携帯？」と質問せずに、「ついに替えたの！」とか「やりましたね」といい反応をして、話し手の言葉を待ちます。

すると、話し手がしたかった話を聞くことができて、会話が盛り上がります。

06 沈黙は恐くない。会話が一気にラクになる

多くの人は沈黙が恐くて、焦ってしまうようです。

しかし、聞き上手はわざと沈黙を作ります。たとえば相手が、「今年の冬は節電に協力して、暖房をつけるのを極力控えようと思ってね」と言ったら、「それはたいしたもんだね」と共感の言葉を送り、沈黙して相手の言葉を待ちます。

その時は相手の顔を穏やかに見て、「何でも話していいよ」「待っているからね」ということを思いながら待っているのです。

あなたの気持ちが相手に伝わって、相手もゆっくり考えられるから、いい話が浮かぶのですね。

沈黙すると相手がよく見えるようになる

私の教室で教えるスキルの中で、この沈黙は生徒から人気が一番高いかもしれません。

何しろ何もしなくていいので楽だからです。

実際に使ってみた方からも、

「ゆっくり相手を見たら、相手が何か話すことを探しているのがわかりました。今までは自分が話すことで精一杯で、相手なんか見ていなかったんですね。これではコミュニケーションがうまくいくはずがありません」

と感想をいただいています。

相手のペースでゆっくりと話せばいい

会話に不安のある人からは、「沈黙して相手が何も話さなければどうするんだ」という質問もよくいただきます。

そんな時は、ゆっくりと反応の言葉を送ってみましょう。

A「今度、九州に異動になりそうだよ」

B「転勤かい！」

A「うん……」

B「……寂しくなるね」

A「そうだね……」

B「……九州か。いいところなんだろうね」

A「ああ！　一度営業所に行った時に……」

こんなにゆっくりとしたテンポで進めれば、相手にも話すことがしだいに湧いてくるのです。

ムリせず気楽に話ができるようになる

口下手な方というのは、沈黙に出合うと自分が話題を発掘する責任を感じがちなのです。だから会話が苦しい。

今度からは**「相手が話しやすいようにアシストしてやろう」というぐらいの気楽な立場**に立ってみましょう。

すると会話が急に楽になります。

一緒にいて楽な人というのは、**たくさん喋る人よりも沈黙を許し合える人なのです。**

ポイント
話していない時間を楽しもう

沈黙は悪だと誤解して、延々と喋り続けようとする人がいますが、それではお互いに疲れてしまいます。

「今年は息子が受験で神経を遣います」と言われたら「それは気を遣いますね」と言った後、黙って穏やかに相手の言葉を待ちます。相手はきっと話し始めますよ。

「聞き上手」はあえて沈黙を作る

口下手な人は沈黙が恐い
話がとぎれた時の
責任
沈黙は「悪」
気まずい空気を
作りたくない
相手の出方を見る
余裕がない
沈黙を許せる間柄を目指す！
・・・ ・・・
何でも
話していいよ
待ってるからね
沈黙
オープンな気持ちの状態

沈黙スキルがあれば、会話は一気にラクになる

驚くほど会話が続く

07 20代社員と話が盛り上がるコツ

これからの管理職は20代と会話ができないと務まらないと言われています。彼らは年上の人との会話経験が少なく、また今の管理職世代とは趣味も生き方も全く違う人たちだからです。

だからコミュニケーションをとるのが相当むずかしい。しかし今後の企業の中核を担うのは、今の20代しかいないのです。

先日、入社間もない男性が教室に入会してきました。動機を聞くと上司から、

「おまえ、岡村孝子を知っているか？　何、知らない？　おまえ会話が下手だなあ。話し方教室にでも行ってこい」

と言われたそうな。**話し方教室に行く必要があるのは、この上司のほうでし**

ょう。

相手を知ろうともせずに、自分の話を押しつけることしかできないのですから。

相手に興味を持ってみる

先ほどの管理職のように、自分が持っている話題でしか人と会話できない人は、他人に強く興味を持ってみることをお勧めします。

それは「キミは朝、何時に起きているの？」という素朴な興味でもいいのです。

大事なのは相手が話した言葉に、「へー」とか「ほー」としっかり反応してあげて、受けとめてあげること。

「7時半！　おっそいなー」などと否定的な反応をしないことです。

話題ではなく目の前の相手に焦点を当てて聞く

20代ともなると、趣味はゲームやパソコンという人も多いでしょう。「オレはゲームはしないから」とすぐに会話を止めてしまう人は、次のように話をしてみましょう。

ゲームという話題について話すのではなく、目の前にいる一人の青年がゲームを好きなんだという意識を持ってみます。ゲームそのものに興味を持ってしまうと、「どんなゲーム？」「いくらぐらいするの？」という展開になってお互いに楽しくありません。

基本は「自分が相手の立場ならどうするか」

その人が「ゲーム」や「パソコン」を通じて、何を思い、話し、行動するかに興味を持つと会話が広がります。

「敵キャラを倒す時は、どんな気持ち？」

若者と心を通じ合わせてみよう

将来の会社の担い手

20代の若手社員たち

特徴

- 年上との会話経験が少ない
- 管理職世代とは趣味も生き方も違う
- 積極的に年上とコミュニケーションをとらない

上司・管理職のほうから話しかけてあげる

若者の趣味

若手社員

友人とは
ゲームの話が多いの？

敵をやっつける時は
どんな気持ち？

ゲーム機を取り上げ
られたらつらい？

**これからの管理職は
20代との交流がポイントになる**

「友達との会話はゲームの話題が多いの？　ゲームでどんな話になるの？」

「出かけた時に、ゲーム機を家に忘れたりしたらどうするの？」

基本は、**「自分が相手の立場ならどうするだろうか」という想像力を使います。**相手に興味を持つことができれば、想像力も広がり、仕事の力も伸ばすことになります。

「今の若いヤツのことはわからない」と言った時から、企業人としての引退が始まるのです。

ポイント

話題ではなく「相手」にフォーカスする

話題そのものではなく、相手がその話題を通じて「何を思い」「何を話し」「どんな行動をとるか」をイメージしてみます。

「自分がその立場になったら、どうするかなあ」と想像をふくらませれば、必ず聞いてみたい事柄が浮かぶはずです。

驚くほど
会話が続く

08 女性の心をつかむにはこんな話し方

読者の中には今、婚活中の方もいるでしょう。また女性社員との接し方に戸惑っている管理職の方も多いはずです。

仕事でも家庭でも、女性とうまくやっていこうと思ったら、聞く力は不可欠です。

女性は**「自分が他人から受け容れられているかどうか」を男性よりもはるかに気にします。**ですから適度に関心を持ってもらえて、自分の話に大きく反応してくれる人に心を開くのです。

婚活には共感力

結婚難が叫ばれている時代です。私の教室にも、婚活のためにコミュニケーションを学びに来る男性が多数います。

生まれてから一度も女性と付き合ったことがないという30、40代の男性、彼女イナイ歴15年の男性など、なかなか手ごわい生徒もいますが、そんな方でも熱心にコミュニケーション上達に取り組んで、素直に自分を向上させようという方は、運命の女性と巡り合って幸せになれるのです。

決め手は、共感力を中心とした感情表現力にあります。

女性が「休みの日はショッピングに行くことが多いです」と言ったら、「ほー、ショッピングですか♪」と楽しげな反応ができるようになると、とたんに女性とうまくいくようになります。

彼女イナイ歴15年のアラフォー男性は、あるパーティで13歳も年下の女性と知り合ったのですが、「今日、お話しした人の中でとにかく一番楽しかったです」と言われたそうです。

これは、私にとってとても嬉しいひと言でした。あの口下手だった彼が、女性にそこまで言われるようになったかと感慨もひとしおだったのを覚えています。

そんなお二人の結婚式も間近に迫っています。

幸せな話は楽しそうに、つらそうな話は心配そうに聞くのがコツです。

男性に比べて**女性は、会話で感情を味わいたいという気持ちがはるかに強い**です。

だから女性と話す時は、分析家の顔を決して見せないように心がけましょう。

「なぜ?」「どれくらい?」「どうやって?」「その後はどうする?」といった質問よりも、相手の気持ちを感じてその気持ちを返すようにして下さい。

「念願だったゴディバのアイスクリーム食べたんですよ」という幸せそうな話なら、「そりゃ幸せだったねー」と。

「うちのプードルが病気になって」というつらそうな話なら、同じ気持ちになって、「それは心配だね」と気持ちをわかってあげる言葉を使いましょう。

話し好きな女性なら、それだけでペラペラとお話ししてくれますよ。

ポイント

女性と話す時は特に気持ちを意識して話を聞く

女性と話す時は、楽しそうな話なら楽しそうに、つらそうなら心配そうに反応します。

「女友達3人で温泉に行きます」「そりゃ話が弾むね♪」、「友達がひったくりに遭って」「それは恐いね」と、こんな感じで話を聞いて下さい。

ガールズトークができる人はモテる

彼女イナイ歴
15年
女性が求めるもの
共感力
=
感情面での
リアクションがとれるか
女3人で旅行に行きます
それは話が盛り上がるね！
超人気のスイーツ、やっと買えました
特においしかったでしょー
祝
結婚

「なぜ」「どのように」などの論理的な話よりも、
共感することが大切

驚くほど
会話が続く

09 父の日のプレゼント予算が母の日より落ちる理由

読者の方にはお子さんをお持ちの方も多いでしょう。あなたは今年、父の日のプレゼントをもらいましたか？

そして母の日に、あなたの妻がどんなプレゼントをもらったか知っていますか？

私が教室で様々な方に話を聞いたところ、どうも父の日のプレゼントは、母の日のそれに比べて予算が低いようなのです。

なかには「父にはあげません」という衝撃的なお話もありました。

原因は父親のリアクション下手にある

これは父親世代の男として、聞き捨てならない言葉です。

「何かわけでも？」と聞きますと、浮かび上がってきたのが父親世代の反応の悪さ。

父の日に子どもたちが一生懸命選んだプレゼントを渡しても、「ああ……」としか言わず、もらったプレゼントも棚の奥のほうにしまったままほこりをかぶっていると聞いて、私は絶句しました。

それでは家族から愛されるわけがありません。プレゼントの予算が年々削られるのも当たり前ですね。

まさか飛び上がって「こんなのが欲しかったんだよー！」と言いながら子どもたちを抱きしめろとは言いませんが、もう少し自分の周りの人々の気持ちに心を傾ける必要がありそうです。

反応を良くすれば家族はあなたに話しかけてくる

家でも会社でも自分は人からあまり話しかけられないという覚えのある人は、**反応が小さすぎないか、または不機嫌な表情ではないか振り返ってみまし**

よう。

「お父さん」と言われた時に、「何だ」と言わんばかりの険しい顔つきでは、よほどのことがない限り家族からは話しかけられなくなります。

男性は定年を迎えてから家族との距離を縮めたがるそうですが、それでは家族の心は冷えきってしまって手遅れでしょう。

部下の言葉には反応良く応える

これは会社でも同じく当てはまります。

部下や後輩から、「○○課長（○○さん）、企画書を作ったのですが見ていただけますか？」と聞かれた時、役に立つ内容なのかどうか吟味してやろうという意識でいては、おそらく顔つきは険しいものになるはずです。

それでは失敗の報告や、価値の低そうな案件の時に素早く報告をもらえません。

部下や後輩が企画書を積極的に作ってきた。**出来不出来よりも、その気持ち**

父の日にプレゼントがもらえないわけ

日頃の言動に問題はないか
返事の仕方
日常の会話
部下への応対
なんだ?
・・・
うむ
会話が面倒
仕事で疲れている
男性は定年後になって
家族との距離を
縮めたがる傾向にある
遅い!
今のうちから、接し方を変える
家族
どうも
ありがとう
部下
企画書を
作ってくれたのか
どれ見てみよう

「反応のいい人」を目指せば、家族も部下も心を開く

に焦点を当てれば、「ほー、企画書作ったの！　どれどれ見てみよう」という楽しげな反応になるでしょう。

そうなれば報・連・相も事細かに上がってくるようになるはずです。

ポイント

面倒くさがらず、こまめに反応する

誰かが自分に話しかけてくれた。それを面倒くさいことと受け取ると、反応は険しいものになります。「何の用だろう」と訝《いぶか》しく思うよりも、自分に話しかけてくれた気持ちを意識すれば、「おう！　何だい」と朗らかな反応ができるようになります。

10 大いに泣き、怒り、笑おう

共感力は感情表現力と言い換えることができます。人は感情を使って、相手の気持ちを感じ取っています。

たとえば「アクセサリーを見て歩くのが好き」という女性がいたら、「自分も好きなバイクを雑誌やネットで見ている時は夢中になるな。あのワクワク感と同じかな」と、経験のない物事でも感情を使って理解できるのです。

業務、数字、ノルマばかりが気になっていませんか

最近は同じ職場の人とも、挨拶すら交わさない会社もあるとか。挨拶はしても、アイコンタクトや温かな気持ちを交えた挨拶がある職場はごく稀《まれ》ではないでしょうか。

業務、数字、ノルマばかりが頭の中に充満して、自分らしい感情を忘れてしまっては、他人とも、そして幸せとも切り離されてしまいます。

置き忘れてきた感情を取り戻す

あなたがどこかに置き忘れてきた感情。それは今でもあなたの中で呼び出されるのを待っています。

ふだん抑えつけている感情を、感じていいのだと許せた時、あなたの中で眠っていたものが溶け出します。

驚きをもう一度自分のものにしよう

この世に生まれて間もない頃は、したたり落ちる水滴にさえ驚くことができたのに、大人になると驚くことをやめてしまう人がほとんどです。

でも、もう一度小さな変化や事柄にも関心を持ってみて下さい。

「子どものテストが71点から73点になった。おお！　2点上がったじゃないか！」

「おお！　会社のトイレットペーパーが変わったぞ！」、そんな感じです。

怒りは最も抑圧された感情

怒りは現代社会で最も抑圧された感情でしょう。もちろん爆発的に表現されると、人間関係がめちゃめちゃになります。

しかし、**「気にしていない」「よくあること」と抑えつけるのは、心の健康にマイナスです。**

「オレは今怒っているな」と感じることは良いことです。そして別のところで「こんなに腹が立つことがあったよ」と話して発散してみましょう。

男も大いに泣いていい

泣くことは恥ずかしいこと。こんな考え方を持ち込んだ先人を恨みます。泣くことは健康に良く、沈んだ気持ちから早く回復させてくれる妙薬です。

つらい時や他人の優しさにふれた時は、大人の男も大粒の涙を流さなくてはいけません。

ポイント

自分に禁じている感情を解放しよう

私たちは幼い頃に植えつけられた考え方によって、泣く、怒る、笑うなどの様々な感情の表現を抑制して暮らしています。

あなたが最も抑制している感情を見つけて、気づいたものから少しずつ解放していきましょう。本当のあなたと出会えます。

忘れかけた感情を取り戻そう

コミュニケーションで重要なのは **感情表現力**

業務
ノルマ
ストレス
利益
残業
日々の忙しさに
挨拶すらできない
人々が増えている
感情の解放
大笑い
男泣き
怒り

自分を抑えていると思うものを少しずつ解放していく

感情を解放していけば本当の自分に目覚める

コラム03

プロだって困る、妻との会話

コミュニケーションのプロが会話に困る時

コミュニケーションを教えるプロでさえ、会話で困る時は度々あるものです。

私が一番困るのが、結婚30年になる妻との会話。

もしかすると、ご主人が無口でつまらない思いをしている世の奥様方は、「『会話がとぎれない話し方』を書いている人が夫なら、家での会話もとぎれないのでは？」とうらやましく思うかもしれません。

それは、松田聖子さんのご主人は、毎日聖子さんに『渚のバルコニー』を歌ってもらえて、お天気お姉さんと結婚すれば、旅行やゴルフの日は必ず晴れにしてもらえると思い込んでしまうのと同じです。

しかし、外でお喋りを生業《なりわい》とする男は、家ではなるべく喋りたくないものなのです。外で喋るとお金になりますが、家で喋っても1円にもなりませんし。まして、うかつに喋って余計なボロが出たりしたら、夜の倶楽部活動に支障が出てしまう恐れもあるでしょう。

特にむずかしいのが旅行の時です。

よく喋る人のつれ合いは、ふつう無口と決まっています。両方お喋りだと、どちらも満足いくまで喋れません。だからよく喋る人は、パートナーに無口な人を選びがちです。

妻は私がよく喋るから自分は楽ができると思い、私と結婚したわけです。それが電車の旅で、弁当を食ったら後は黙っている私に不満が溜まっても仕方がありません。

「先生、何か面白い話はないの？」

妻はこんな時に限り、私を「先生」と呼びます。これがむかつくのです。

そもそも面白い経験をしたら、その日のうちに「今日ね……なことがあったよ」と話しているのです。旅行だからといって、とっておきの話などあるわけがないでしょう。

見えるもの全てを話題にする作戦

そんな時、私が取る作戦は車窓から見える風景を話題にすることです。旅行ですから、景色は都会のビル群から田舎のほのぼのとした光景へと移り変わっていきます。

「だいぶ田舎になってきたね」。夫婦の会話ですから、そんな工夫のないもので十分なのです。

後は家であろうと看板であろうと、ちょっと珍しげなものであればじゃんじゃん口にしていきます。

「あら！　なつかしい。大昔のボンカレーの看板だ」。そんなことからボンカレー昔話をしたりします。

「リヤカーの消防自動車だ！」と、窓の外を指差しながら叫ぶこともあります。

「あんな山の上に家があったら、それは帰宅ではなくて山登りだね」

そうこうするうちに電車はようやく目的の温泉街へと到着。「ああ、旅とは疲れるものだ」と、私は男湯でようやく解放感に浸るのです。

おそらく多くの男性は、この話に大いに頷き、「コミュニケーションの専門家ですら、そうなんだ」と励まされたことでしょう。あなたも奥様と旅をする時は、風景を話題に電車に揺られてみて下さい。

第４章

「困った人」もこれで大丈夫！

苦手な相手との関係が劇的に変わる話し方

01 「最近どう？」は、手抜き質問の典型

問いかけるってむずかしいですね。私は書籍も書いているし、一応ベストセラーも出していますが、出版と全く無関係な人から心弾むような問いかけをもらったことがありません。

ある時は、プライベートで知り合った人とご飯を食べることになって、相手に私の本を手渡しましたが、本に関する問いかけを一度ももらえずがっかりした思い出があります。

自分が知識も経験もない世界に住む人を相手に、うまく問いを投げかけられたら、それは素晴らしいコミュニケーション力の持ち主と言えるでしょう。

「最近どう？」と言われて困ったことはありませんか？

若い人がされて一番困る質問が、「最近どう?」っていうものだとか。

問いかけたほうからすれば、とりあえず投げかけた質問でしょうが、コミュニケーションが苦手の若い人は、戸惑いを感じるようです。

家庭でも、子どもに「学校はどうだ?」と聞いて「ふつう」と答えられた親は山ほどいるでしょう。

そもそも「どう?」だけの質問では、何をどう答えたら良いのかわかりません。

「学校はどう?」「仕事はどう?」という質問も、尋ねられる範囲が広すぎて、イメージが湧きにくく、答えに窮します。

これでは弾む会話に発展するのはむずかしいでしょう。

質問に感情を加えてみよう

問いかけというのは、相手の想像力を刺激して、眠っていた話題を掘り出すもの。

相手が話したくなるキーワードを織り込んで質問をしてみましょう。

会話が弾む答えは、いつも感情にあり。質問に感情を加えてみるとこうなります。

職場の若手社員には、**「会社で一番楽しいのは何している時?」「胃が痛くなるほどのつらい仕事って何?」**。

子どもには、**「学校で一番楽しいのは何している時?」「ちょっとドキドキする女(男)の子は誰?」**。

と尋ねてみてはいかがでしょうか。相手から言葉があふれてくる感じがしませんか。

人は感情を刺激されると、イメージがパッとふくらむものなのです。

「あなたの職場で一番の困ったさんの名前を教えて下さい」

どうですか? 思わず何かを言いたくなったでしょう。

「最近どう？」は答えに困る質問

最近どう？ ＝ 手抜き質問の典型
学校はどう？
フツー
会社はどう？
いや別に ふつうだけど
質問が漠然としていて、どう答えていいかわからない
学校で一番楽しいのはどの授業？
体育！
胃が痛くなるほどつらい時って？
いま進めている新規プロジェクト
責任重大だよ

感情に訴える質問によって、話はあふれ出すようになる

ポイント

眠っていた話題がどんどんあふれ出す

単に「仕事はどう？」と聞くよりも、「ワクワクする仕事って何？」と感情に訴える聞き方をすると、相手はとたんに話し始めます。

感情はイメージを刺激して、眠っていた話題を揺り動かしてくれるのです。

関係が劇的に変わる

02 この質問なら相手が口下手な人でも安心して答えられる

「話しかけても、『はぁ』としか言わない男がいるのですが、どうしたらいいでしょうか」などというご相談を受けることがあります。

こちらは何とかコミュニケーションを図って、人間的な距離を詰めようと思うのですが、そうは問屋が卸さないっていう人もいるものです。

口下手な人の立場に立って考えてみる

こんな時は相手の立場から物事を見てみるのが一番。

おそらくこのタイプの人は、話しかけてくる人のことを嫌いで無愛想にしているわけではないように思います。

最も考えられるのは、どう答えたものやら咄嗟《とっさ》にいい話題が見つからず戸惑っているケース。

「Aさんは、仕事にもう慣れた？」

「はぁ……はい……」

とこんな感じなのでしょう。Aさんは「慣れた」とも「慣れてない」とも言えず、どう言ったものかと戸惑っている状況なのではないでしょうか。

口の重い人というのは、**言葉がなかなか出てこないのと同時に、様々な心配をしながら言葉を選んでいる傾向**があるのです。

返事のいらない投げかけで安心させる

こういうタイプの人には返事のいらない投げかけをしてみることをお勧めします。

たとえば先ほどの無口な人には、「だいぶ慣れてきたみたいだね。よくやっているよ」と声をかけます。

この投げかけには「はい」とか「ありがとうございます」というシンプルな返

事をすれば事足りるので言われたほうも楽です。

子どもには、「ゲームがだいぶ好きみたいだな」とか、「今日もご飯をいっぱい食べたな」などと言葉を送ります。

すると相手は「うん」とか「ああ」と言えばすむことなので、リラックスして話ができます。

相手にいい反応を求めず、早めに会話を切り上げる

相手が「はい」とか「ああ」と返事をくれたら、肩をポンと軽く叩いて「それじゃあ」と言ってその場を離れてあげます。

会話が苦手な人にとって長い会話は苦痛なもの。気の利いた返事や、好意的な反応を早急に求められるのも苦しいものです。

そこで、返事のいらない言葉を投げかけ、親しみの込もった表情と軽いスキンシップで、「キミのことも気にかけているよ。私の大事なメンバーだ」というメッセージを送ったことになるのです。

こういうことを繰り返していけば、相手の態度もしだいに打ち解けたものになり、やがて会話の量も増えていくでしょう。

ポイント

口下手な人には、しつこく話しかけない

反応の良くない人に、いい反応を求めるとかえって失敗します。「今日はすごい雨だったね」というように、返事がシンプルなものですむような投げかけを行って、会話をそこで終わらせてあげます。しだいに安心感が生まれてきたら、きっと会話の量が増えていくでしょう。

口下手な人には
返事のいらない投げかけを

仕事は慣れた？
はあ……
どう答えていいか
わからない
様々な心配をして
言葉を選んでしまう
「はい」「ありがとうございます」ですむ投げかけに換える
だいぶ仕事に
慣れてきたね
よくやっているよ！
はい
ありがとう
ございます
じゃ！
しつこく話さないことが大切

初めは反応が良くなくても、
しだいに心を開くようになる

03 「YES」「NO」質問で相手をリラックスさせる

まだ打ち解けていない人と話をする時は、その切り出しに神経を遣いますね。

コミュニケーションの本には、質問をする時は「クローズドクエスチョンよりオープンクエスチョンを選ぼう」と書いてあります。

「おうちはお近くですか?」といった、答えが二者択一の問いがクローズドクエスチョン。

「最寄駅はどちらですか?」というように、二つ以上の選択肢があるものがオープンクエスチョンです。

しかし私はまだ打ち解けていない関係の人には、**あえて「YES」「NO」ですむ質問から会話を始めてみることをお勧めします。**

相手をリラックスさせる「ＹＥＳ」「ＮＯ」質問

なぜなら、いきなり「今日の雨はどれくらいの強さですか？」とオープンクエスチョンでこられては、答えるほうも手間がかかります。

それよりも、「まだ傘がいりますか？」のほうが、ＹＥＳかＮＯですむので答えやすく、リラックスできます。

これ以外でも、

「だいぶ暑いでしょう」

「寒かったでしょう」

「電車混んでいたでしょう」

「ここまで遠かったでしょう」

と、こんな投げかけから会話をスタートさせてみましょう。

相手とつながることに意識を集中

会話のスタート時は、情報収集よりも互いに打ち解け合うことが大事。

そのためにも話しかける時は、優しい眼差《まなざ》し、穏やかな表情と声を心がけて下さい。

「ここまで遠かったでしょう」

「そうですね、1時間半ぐらいかかりました」

「あ、そんなに！」

こうして相手とアイコンタクトを交わし、共感し、受け容れるというメッセージを送ります。

この時も、**自分が受け容れられることを考えずに、相手と心がつながることだけを考えてお話ししてみて下さい。**

おそらく今まで苦手としていたタイプとも、打ち解け合えるようになるでしょう。

初対面の人には「YES」「NO」の質問

クローズドクエスチョン
二者択一で答える質問
おうちはお近くですか？
Ⓐ近い
Ⓑ遠い
答えやすい！
オープンクエスチョン
答えが広範囲な質問
最寄り駅はどちらですか？
えーと…あの…
オススメ！
初対面での切り出し方は
クローズドクエスチョン
○だいぶ暑かったでしょう
○寒かったでしょう
○電車混んでたでしょう
○ここまで遠かったでしょう
▶はい
いいえ

まずは打ち解けることが大切

打ち解け合えたら会話は弾む

不思議なもので打ち解け合った人同士の会話は弾むものです。心が通じ合うとイメージが湧きやすくなるので、接点や互いに共感できる話がすぐに生まれます。

これも初めに穏やかな時間を上手に作った良い影響です。

ポイント

返ってきた答えには大きくリアクションしよう

まだ打ち解けていない間柄の人と話す時は、打ち解け合うことに意識を向けます。

「外は寒かったでしょー」「ええ、寒かったです」「でしょー」とYES、NOですむ質問をして、返ってきた答えに大きく反応すると、和やかになるのが早くなります。

関係が劇的に変わる

04 会話の上手な人と下手な人、その差はココだ！

会話が上手な人と苦手な人を分ける重要な要素。それは自分の世界から抜け出して、相手の世界をイメージできるかどうかにかかっているのではないでしょうか。

たとえば、「私、アーチェリーを始めたんです」という女性がいたとしましょう。

ここで自分の世界にある話題を使って話をする人は、

「ああ、オリンピックで見たことある」

「たしか『中年の星』の人が銀メダルとったよね」

「あの人は高校の先生なんだよね」

などと話すでしょう。

しかしこの会話は、自分の世界（知識や経験）から一歩も出ていませんし、相手の世界に興味を持っていません。

これだと相手の世界を知ることもできません。何より、自分に全く興味を示してもらえないことで、相手は落胆を感じ、話す意欲を失うでしょう。

先入観を捨てて、相手の世界を想像してみる

頭がやわらかく想像力の豊かな人は、自分の世界を横に置いて、相手の世界をイメージして話をします。

自分にとっては未知の世界ですから、**教えてもらう気分で質問をしてみればいい**のです。

同じアーチェリーの話を聞く時も、

「うまく当たるものですか？」

「力がいりますか？」

「的まで届くものですか？」

と単純ですが、相手が話しやすい質問ができるのです。

想像力をふくらませれば、会話はさらに楽しくなる

さらに想像力が豊かになれば、**自分がもしもアーチェリーを始めたらという発想ができます。**

「あの弓と矢はどこで買うのですか？」

「弓と矢を持って街を歩いていたら、職務質問されますよね」

「的に当たった矢を取りに行く時に、他の人に撃たれたりしませんか？」

「お尻に突き刺さったら、痛いでしょうか」

「じゃあ、険悪なカップルはデートにアーチェリーはやめておいたほうがいいですね。彼女が急に機嫌を悪くしたら、落ち着いていられませんからね」

どうしても人に向けて撃つことしか想像できない私は、まだまだ想像力のトレーニングが足りないようです。

子どもの頃は誰もが持っていた発想の柔軟さを、大人になるにつれて多くの

人が失いがちです。

会話をする時は、たとえそれが既知の話題でも、自分の世界から飛び出して相手の世界を想像しながら話をしてみましょう。

思いもよらない展開が待っていますよ。

ポイント

「もしも自分がそれをするならば」という発想で

人と話をする時は、自分の世界ではなく、相手の世界に入れてもらう気持ちで話をしてみます。

「もしも自分がそれをするならば」という発想で質問をして下さい。それができれば性別、年代、出身を超えた会話が可能です。

相手の世界（立場）をイメージしよう

「もしも自分がそれをするならば」と考える

05 苦手な相手との距離が一気に縮まる魔法の言葉

男性は教え好きだと言われています。

「教えて」と言われると、その魂に火が点《つ》いて熱くなってしまう人がいます。

この性質をうまく使って苦手な人とコミュニケーションをとることができます。

年下の人に苦手分野を教えてもらう

もし部下や後輩との関係に距離を感じている人がいたら、**彼らの得意なことを見つけて「教えてくれるかい？」と尋ねてみること**をお勧めします。

それはスマホの使い方でも、パソコンの知識でも、料理でも何でもＯＫです。

すると遠かった関係を急速に近づけることができます。

特にミスを重ねて自信を失っている人には、この作戦は効果的です。人にものを教える経験を通じて、自信を取り戻すきっかけともなるのです。

先輩、上司にはさらに効果的

若い方で先輩や上司との関係に悩んでいる人もいるでしょう。

年上の人は年下の人から得意分野について「教えてほしいことがあります」と言われると、とても嬉しいものです。

それは仕事でもいいのですが、最も効果的な分野は趣味の世界です。

ギャンブル、ゴルフ、恋愛（合コン必勝法など）、株など、その人が得意か熱中していることで、自分が興味を持てるものを習ってみましょう。

するとアフター5や休日に彼らとコンタクトを持つことにもつながり、関係を深め、信頼を強めることができます。

「先輩、株に詳しいと聞きましたよ。コツみたいなものがあるのですか？」

こんな切り出し方で年上の人の心をつかんでみて下さい。

あなたが女性なら男のハートを射止める恋の魔術になる

あなたが女性なら、「教えて下さい」という言葉は、男性のハートを射止める恋の魔術になります。

男性は人の役に立つことで自分の能力に自信を持つと同時に、大きな幸せを感じるものです。

それは恋人や夫でも同じ。「教えて」と言って、喜んで習ってみましょう。それだけで愛が深まるのですから、安いものでしょう。

この言葉で相手はさらに満足する

何かを習ったら、**後日必ず「すごく役に立っています」という言葉を何度も送って下さい。**この言葉が決め手になります。可能ならば周りの人にも、「○○さんに教えてもらった××がすごく役に立って」と話してみましょう。その

苦手な相手には「教えて」もらおう

キミ、釣りが
得意なんだって？
今度、教えてくれるかい？
もちろんです！
相手の趣味に
興味を持って話しかける
相手が仕事でミスをして
落ち込んでいる時は
効果倍増！
自信回復
幸せ
女性の場合
教えて
下さい！
男性のハートを
射止めやすい！

「教えて」は年上、年下関係なく効果がある人ととても親しい関係になれますよ。

ポイント

「教えて下さい」と言われると、男は有頂天になる

その人が得意としている分野のことについて「教えて下さい」と頼むことは、いい関係作りのきっかけとなります。

習ったことはしっかりマスターして事後報告。必ず「すごく役に立っています」という言葉を忘れずに。

06 相手を黙らせてしまう「どうして？」「なぜ？」

ある中小企業のオーナーが訪ねてきました。彼は叩き上げの辣腕《らつわん》経営者。しかし、最近若い人がポロポロと辞めていくことに戸惑いを感じているというのです。

彼曰く「私は社員の話を聞くことに重きを置いて接していますが、社員は辞めていきます。なぜでしょう」とのこと。

よくよく話を聞きますと、彼は次のような聞き方をしていたのです。

社員「社長、この価格でこの部品を作ることはずいぶん無理があります」
社長「無理？　どうして無理なんだ」
社員「はあ、どうしても人件費がかさむようで」
社長「人件費をもっと切り詰めることをどうして考えない」

社員「はい……」

このようなやり取りをしていることが判明。「これでは話を聞くというよりも、問い詰めているように聞こえます」と社長に告げると、彼は驚いていました。

「どうして？」「なぜ？」と言われると、相手は本心が言えなくなる

あなたも部下や子どもに似たような言い方で迫ったことがあるのでは？

「どうしてそんなことをしたんだ」

「なぜ相談しなかったんだ」

「どうしてできないとわかるんだ」

いかがでしょうか。

実は、日本人は「どうして？」「なぜ？」と聞かれると、まるで責められているかのような不安を感じるものなのです。たとえ聞く側にそんな気がなくても、聞かれる側は追い詰められている気がします。

そうなると彼らの口から出てくるのは言い訳や逃げ口上ばかりになり、建設的な話にはなりにくくなるものです。

この聞き方なら相手は前向きに考える

誰もが成果を出したいことに変わりはありません。でも、様々な障壁に阻まれてうまくできないだけです。

その時にはこんな言葉で、共に考える気持ちがあることを伝えて、力を貸してあげてほしいのです。

それは**「できないわけがあるんだね」「無理な感じがするのだね」という言葉です。**こういう聞き方ならば、責められている感じが薄まります。

遅刻が多い社員には「どうしても遅刻してしまうわけがあるんだね」。予算内で製品が作れないと訴える人には「この予算では無理な理由があるんだね」と聞いてみます。

「それでは甘やかすことにはなりませんか?」と先ほどの経営者は心配しまし

た。

「どうしても遅刻してしまうわけ、予算内でできないわけを聞くだけで、**それを許すことではありません。共に解決策を考えるという意味で使って下さい**」と告げると、彼はようやく納得して帰っていきました。

ポイント

「なぜ?」より「できないわけがあるんだね」と聞いてみる

「なぜできないんだ」と聞かれると、私たちは責められていると感じる傾向にあり、いい考えを導き出せなくなります。

「うまくできないわけがあるんだね」と共に寄り添い考えるという姿勢を示すと、安心した相手は良い考えを生み出せます。

「どうして？」「なぜ？」は
相手を追い詰めてしまう言葉

どうして
無理なんだ？
なぜ
人件費削減を
考えない!?
なぜ
どうして
建設的な会話はできない
無理な理由が
あるんだね？
はい
予算内で
おさまらない
理由が
あるんだね？
注意
①「許す」という
サインではない
②解決策を共に
考えるという
意味で使う

共に寄り添い考える姿勢を示すこと

07 アイデアの出ない会議での「何かあるだろう」は逆効果

会議で誰も何も言わない。カウンセリングで行き詰まってしまった。部下の指導で、質問をしても何も話そうとしない。

そんな困った状況で相手から気の利いた話を引き出すのは至難の業《わざ》。さあ、どうしたらいいのでしょうか。

「何かあるだろう」は逆効果

この時、彼らは何の考えも浮かんでないわけではありません。

目の前にいる権威ある人に対しては、うかつなこと、愚かなことを口走ってはいけないと緊張して言葉が出てこなくなっているだけなのです。

ですから、こういう時に、

「なんだ、何の考えもないのか」

「何かあるだろう」

「何でもいいから喋ってみろよ」

などと脅《おど》しては逆効果であることがわかります。

「頭に浮かんだことを話してごらん」

効果的な考えはリラックスした状態からしか生まれません。

そしていろいろと喋るうちに、人は自分に眠っていた考えにふと気づきます。

あなたも思いついた言葉を話すうちに、「あっ！　そうだ」とひらめいたことがあるでしょう。

だから初めの言葉は、何の価値もないもので十分です。

そこで、**「頭に浮かんだ言葉を、脈絡なくていいから自由に話してごらん」と伝えてみましょう。**

脈絡なく話していいと言われたら、人はけっこう喋るものです。その中で価値のありそうな言葉をピックアップして、「そこをもう少し掘り下げて喋ってみようか」と突っ込んでいけばいいのです。

それでも喋らない人には、この方法で考えを引き出す

それでも何の言葉も思いつかない人には、最後の方法が残されています。何も思いつかないとは言いながら、実はキーワードだけはひらめいているもの。

そこに切り込んでいきましょう。

「頭に浮かんだ単語は何だった?」

これでひとつの単語を喋ってくれたらしめたもの。

「じゃ、その単語からいろいろと喋ってみよう。脈絡はなくていいからね」

ひとつの言葉から、その関連の言葉へと話を広げてもらいます。

この方法で話を引き出し、その言葉に共感してあげられたら、相手はしだいに自信を深めて、徐々に意見を言うようになるでしょう。

アイデアが出ない時は思いつきで喋ってもらおう

ひとつの言葉から次の関連する言葉へと
少しずつ広げていけばいい

相手の考えを抑えつけなければ意見は出てくる

誰も意見を言わない時。それはもしかするとあなたが相手の考えを抑えつけている時かもしれません。

ポイント

脈絡がなくても頭に浮かんだ言葉でOK

メンバーから何の言葉も出てこない時は、「脈絡なくていいから、頭に浮かんだ言葉を話してみよう」と伝えて下さい。

出てきた言葉の中から価値あるものを見つけて、「そこをもう少し広げてみよう」とアドバイス。いい話が引き出せますよ。

08 成績の悪い部下や子どもにはここを聞いてあげる

あなたの子どもがテストで80点を取ってきた。あなたならどんな言葉をかけてあげますか?

多いのは「あと20点どこが弱いんだい?」という言葉ではないでしょうか。

しかしこれでは問われたほうは、さらなる努力を強いられているような気がして、ストレスが溜まるでしょう。

まず聞いてほしいのは、

「80点取れたのは、どこが良かったのかな?」という言葉です。

できていないところを問われるより、できているところにまず目を向けてほしいのが人間です。

部下や後輩にも同じことが言えます。

「今日の営業で、自分をほめてあげたいのはどこだった？」

「今の成績を作れたのは、どこが良かったからなんだい？」

と、できているところから話を始めて、締めに、

「さあ、これからどこを伸ばそうか？」という展開ならば、問われたほうもやる気が出るというものです。

「今日の反省点は何だ？」といきなり聞かれるよりも、ずっといいことがわかりますね。

テストで25点を取ってきた子どもには？

では子どもがテストで25点を取ってきたら、どうしましょう。

たいていの親なら「どこがわからないんだ！」と詰問するでしょう。

こんな時でも、いや、こんな時こそ「どこがわかっているところ？」と優しくアプローチすることをお勧めします。

多くの人は、テストで25点はひどい点数だと思うでしょう。でも、25％は理

解できているところがあるのです。そこを尋ねてあげます。すると本人も多少の自信を持つでしょう。そしてあと25％は理解可能なところが見つかるかもしれません。

そうすれば50点です。

部下が10のノルマのうち一つしか達成できなかったとしても、やはり同じ。「この一つはどうやって達成できたんだい？」と聞いてあげて下さい。そこから2つ3つとできる分野を広げていけば、やがて一人前の戦力になれるかもしれません。

「怒らないと人は動かない」という誤解

未だに「人は怒らないと動かない」と誤解をしている人がいっぱいいます。

しかしそれでは人のやる気を奪うだけです。

「今、できているところはどこ？」「その力はどうやって手に入れたの？」と、親や上司が寄り添ってくれて初めて、人はやる気を出し能力を高めていく

のです。

ポイント

「できているところはどこですか?」がやる気を高める

仕事の成果がなかなか出ない人物に、「どこができていない」「どうしたらできるようになる」と聞くよりも、「今できているところはどこ?」「それはどうやってできるようになったの?」とプラス面から話を始めたほうが、相手はやる気を起こします。

「良かったところ」に目を向けよう

①
80点
取れた
②
あと
20点
子どもがテストで
80点を取ってきた
どんな言葉を
かけよう？
80点
取れた
まずは良かったところに
目を向けてあげる
80点取れたのは
どこが
良かったのかな？
授業を
ちゃんと
聞いてた
からだよ

点数に関係なく「良かったところ」に目を向ける

関係が劇的に変わる

09 自己責任で考えない部下がいたらこう質問してみよう

あるメーカーの幹部が、若手社員育成のために在庫管理の仕事を任せたところ、数が合わないことが多かったのだとか。

理由を尋ねると、

「自分の休み中のことだからわからない」

「バイトが勝手に在庫の移動をしてしまう」

などと他人のせいにばかりして、自己責任でものを考えないのが悩みだとこぼしていました。

この傾向は40、50代の人にも広がっていることだと聞いて、私もびっくり。

自己責任の考えが廃《すた》れると、企業活動にも大きな影響が出るはずです。

「もしもキミに10%の責任があるとしたら、何だろうね」

これまで私たちの社会では、ミスは責められる道具でした。だからミスをした時、責任を回避したいと考える人が出てきても仕方のないことです。

こんな時は、次のような質問が有効となる場合が多いです。

「もしもキミに10%の責任があるとしたら、何だろうね」

全ての責任は背負いきれないけれども、10%ぐらいなら考えられるかもしれない。相手を気軽にさせて問題解決を図る質問です。

ちょっとカッコ良すぎて照れるという方は、「じゃあ、このケースでキミができる最高の行動は何だろうか?」でどうでしょうか。

先ほどのケースでこの問いを使ってみたところ、「在庫管理のルールを自分で決めたのだけれども、それを周知徹底できていなかった」と件《くだん》の若手社員は気づいたのだとか。

翌日、バイトを含めた全メンバーで在庫管理のルールを再検討したところ、翌月から在庫管理のミスが67％減ったとメーカー幹部が報告してくれました。

失敗をほめる機会にすれば、組織は活性化する

仕事を行う上でミスや失敗はつきもの。それを上から責められていたのでは、下のメンバーは萎縮してしまって力が出せません。

ある企業の幹部は、年に数回、それまでの仕事の失敗を集めた「失敗発表会」を開いているそうです。

「なぜ失敗したのか」「どんな目論見違《もくろみ》いがあったのか」「どうしたら早く失敗に気づけたのか」「失敗を起こす時にありがちな思い込み」「次からの対策」……。

こういうことをみんなの前で発表し、優秀者には金一封が贈られるとのこと。失敗が褒賞の対象になる組織は恐るべき力を発揮しそうです。

ミスした部下を責めても何も変わらない

自分はその日
休みだったんで
知らないッス
自己責任の
考えを身に
つけてほしい
質問の仕方を工夫してみる
このケースで
キミにできる
最善策は
何だったのだろう？
スミマセン・・・
ルールの
周知徹底が
できたはずです
× ミス ＝ 責めの道具
○ ミス ＝ 再発防止のための素晴らしい経験

ミスは「次に活かす」ということを学ばせる

ポイント

ミスは責めの道具ではない。再発防止のための経験である

ミスを自己責任で考えない部下には「このことでキミに10%の責任があるとしたら何だろう」という質問を送ってみましょう。

ミスとは人を責める道具ではなく、次に予想されるミスを防ぐための素晴らしい経験であると認知させれば、みんな喜んでミスの体験を報告するようになるでしょう。

10 意見が対立したら、相手の言い分を徹底的に聞く

ある部品メーカーでは、いったん分社化された組織を10年ぶりに再統合することになりました。

10年の間、別組織で活動してきたので、仕事の進め方、社内での価値基準、人事組織などもまるで別会社のごとくバラバラになっていたそうです。

それを再統一する努力は並大抵のものではありません。

案の定、実務を行う社員同士の間で険悪なムードが漂います。

Aさんはそんな社内の雰囲気に危機感を持って私の教室を訪れました。

「私は相手の話を聞く気はあるんですが、何しろ向こうがこちらの言い分を全く聞く気がないもので」

相手が正しいと思っている言い分を最後まで聞く

誰だって自分の考えや、価値、それまで踏襲《とうしゅう》してきた方法が最善だと思っています。人は自分こそが一番正しいと思って行動しているのですから。

先ほどのAさんも話を聞いているとは言いながら、途中で自分に対する否定的な話が出ると、頭に血が上って反論を始めたそうです。

しかしこういう時は、相手がどう正しいと思っているのかを最後まで掘り下げて聞いてみましょう。たとえばこんな質問をしてみて下さい。

「あなたの方法の正しいと思うところをもう少し聞かせて下さい」

「私の方法ではうまくいかないと感じるところを聞かせて下さい」

「あなたの方法のほうが会社の利益になると思うところを聞かせて下さい」

「私の考えで肯定できるところを聞かせて下さい」

人を説得する時に重要なのは、相手に徹底的に喋らせることです。

自分の話を否定せずに聞いてくれる人には、誰もが親近感を持ち、考えをすり合わせる気持ちが生まれます。

そして人は喋ることにより、自分の考えや方法が持つ欠点が見えてくるのです。

自分の意見についてどう感じたか聞いてみる

相手の考えが明らかになったら、あなたの意見も伝えましょう。そして話の締めに、「自分はこう考えています。さてこの考えをどう感じましたか？」と相手の感じ方、考えを再度聞くようにしてみましょう。

こうすることで話し合いを、どちらが正しいかという闘いから、互いの考えを近づけていく相互理解の方向へと昇華させることができます。

こういう聞き方ができるようになると、敵が味方に変わっていきます。

ポイント

意見が対立した時は、相手の正しさを聞いてみる

意見が対立する時は、双方が自分こそが正しく、相手が間違っていると決めつけています。

こんな時こそ、「あなたが正しいと思っているところをもっと聞かせて下さい」というスタンスで話を聞かせてもらいましょう。

社内で意見が対立したら……

お互いの価値観がぶつかった時、互いに「自分が正しい」と思いがち

対立！

STEP1 「聞き役」に徹して心を開いてもらう

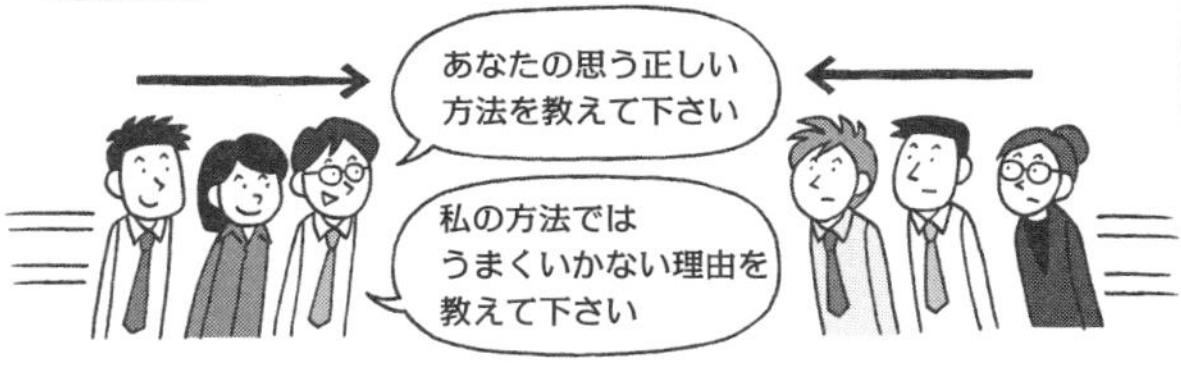
あなたの思う正しい方法を教えて下さい
私の方法ではうまくいかない理由を教えて下さい

STEP2 こちらの意見も聞いてもらう

打ち解け
私の話も聞いていただけますか？
はい！

「聞く」に徹すれば、相手は自然と心を開く

コラム 04

私のコミュニケーションは、相手が不信感を持つほどの感じ良さ

感じがいいにも限度がある？

私は人がびっくりするくらい感じがいいです。ただし、少し度が過ぎるのが難点。

ほとんどの人が他人に気遣いをしなくなった現代では、私の感じの良さに違和感や不信感を抱く人が少なくありません。乱れた世の中では、多くの人が「愛想の良さ」は何かを企む者の演技だと信じています。

たとえば居酒屋や寿司屋さん。初めての店でも、私はホール係の人や板前さんに「こんにちはー」と満面の笑みで挨拶しながら入っていきます。

アイコンタクトは相手の瞳をまっすぐに見て、軽く一礼してから前に進みま

す。

するとなかにはたじろぐ板前さんも。

「この男は何かを狙っている。気を許すまじ」。そんな緊張感のある表情で私を見つめ返してきます。カウンターに座った私を見て、ようやく「お客か」と気づくようです。

次にコンビニ店での出来事。

「こんにちはー、いらっしゃいませ」という言葉に、返事をするお客さんはほぼいません。私を除いて。

「あ、どうも、こんにちはー♪」

ドン引きする店員。「てんちょー、業者の人じゃないですかー」という態度で店の奥に目をやっています。

私の本領が発揮されるのが買い物の時。

貴金属店などに入りますと、お店の方がどう対応したものやらと、戸惑いを感じていることがあります。

この手の店は「いらっしゃいませ」という言葉も控えめに、お客様に警戒心を与えないように接客するものです。ところが私はお店の方と目が合うや微笑んで、「こんにちはー♪」と言いますし、「お気に召したものがございましたら、どうぞおっしゃって下さい」と言われたら、「あります、あります。これ見せて下さい」と積極的。

このあたりで人見知りな店員さんだともうギブアップ。するとベテランらしき人が現れて接客を替わります。

「こちらのダイヤは○○でございまして、輝きが他のものとは違うのが、おわかりでしょうか」などと、自分の指にそのダイヤをはめて見せてくれます。

「うわーお！」とあまりに激しい私の反応に、笑い出すベテラン店員。

後は「この人はいったい誰なんだろう」という好奇の目で接客が続きます。

私は買い物にあまり迷うことがないので、「じゃ、これ下さい」となるのですが、その頃にはお店の方の多くが私のそばに集まってきて、私とベテラン店員さんとのやり取りを聞いています。

人間関係が苦手な方がこの話を聞けば、「変人扱いされて困るだろうに」と心配するでしょう。しかし、居酒屋も寿司屋もコンビニも貴金属店も、警戒されるのは初めだけで、次に訪れた時には笑顔で出迎えてくれて、けっこうサービスもしてくれます。

なかには1年ぶりで訪れた店でも、「たしか去年の今頃おいでいただいたことのある……」と覚えてくれている人もいます。

人と深く豊かに接するのは、本当に楽しいことです。

著者紹介

野口 敏（のぐち　さとし）

関西大学経済学部を卒業後、きもの専門店に入社。

１万人を超す女性を接客した経験からコミュニケーションのあり方に深く興味を抱き、平成元年にＴＡＬＫ＆トーク話し方教室を設立。会話は言葉のキャッチボールではなく、「会話は気持ちのキャッチボール」をキャッチフレーズに、これまでの話し方の世界にはなかった新分野を開拓する。コミュニケーションの研究は20年以上にわたり、書籍だけでは知ることのできないわかりやすい会話のあり方を伝えている。経営者に必要なコミュニケーション力、営業力、スピーチ力、夫婦・親子間の会話など、コミュニケーションに関するあらゆる分野のスペシャリスト。大手企業の社員教育・新人研修など幅広く講演活動も行う。

著書に『誰とでも15分以上会話がとぎれない！話し方66のルール』『一緒にいて疲れる人の話し方 楽な人の話し方』『誰とでもスッとうちとけて話せる！雑談ルール50』などがある。

TALK ＆トーク話し方教室
http://www.e-0874.net/

この作品は、2013年２月にＰＨＰ研究所から刊行された『[図解] いつでも、どこでも、誰とでも、会話が盛り上がる人の話し方』を改題し、加筆・修正したものである。

ＰＨＰ文庫　たった7秒で相手の心をつかむ話し方

2016年６月15日　第１版第１刷
2023年11月５日　第１版第10刷

著　者　野口　敏
発行者　永田貴之
発行所　株式会社ＰＨＰ研究所
東京本部　〒135-8137　江東区豊洲5-6-52
ビジネス・教養出版部　☎03-3520-9617(編集)
普及部　☎03-3520-9630(販売)
京都本部　〒601-8411　京都市南区西九条北ノ内町11

PHP INTERFACE　https://www.php.co.jp/

制作協力
組　版　株式会社PHPエディターズ・グループ

印刷所
製本所　図書印刷株式会社

ISBN978-4-569-76603-4

PHP文庫

松下幸之助の哲学

いかに生き、いかに栄えるか

松下幸之助 著

人生とは？　社会とは？　人間とは？　著者が生涯をかけて思索し、混迷する人心、社会を深く見つめた末にたどり着いた繁栄への道筋。問題の根本的解決を助ける一冊。